Der kleine Vornamenfinder für Mädchen

Duden

Der kleine Vornamenfinder für Mädchen

Dudenverlag
Berlin

Die **Duden-Sprachberatung** beantwortet Ihre Fragen
zu Rechtschreibung, Zeichensetzung, Grammatik u.Ä.
montags bis freitags zwischen 09:00 und 17:00 Uhr.
Aus Deutschland: **09001 870098** (1,99 EUR pro Minute aus dem Festnetz)
Aus Österreich: **0900 844144** (1,80 EUR pro Minute aus dem Festnetz)
Aus der Schweiz: **0900 383360** (3,13 CHF pro Minute aus dem Festnetz)
Die Tarife für Anrufe aus den Mobilfunknetzen können davon abweichen.
Den kostenlosen Newsletter der Duden-Sprachberatung können Sie
unter www.duden.de/newsletter abonnieren.

Bibliografische Information der Deutschen Nationalbibliothek
Die Deutsche Nationalbibliothek verzeichnet diese Publikation in der Deutschen Nationalbiografie; detaillierte bibliografische Daten sind im Internet über http://dnb.d-nb.de abrufbar.

Bibliographisches Institut GmbH, Mecklenburgische Straße 53, 14197 Berlin

Redaktionelle Leitung Sophie Schwaiger
Redaktion Carsten Pellengahr
Erarbeitet auf Grundlage des Vornamenfinders, 2. Auflage, von Rosa und Volker Kohlheim

Herstellung Monique Markus
Layout Sigrid Hecker, Mannheim
Umschlaggestaltung Büroecco, Augsburg
Umschlagabbildung © jjpoole – istockphoto.com
Satz Dörr + Schiller GmbH, Stuttgart
Druck und Bindung Offizin Andersen Nexö Leipzig GmbH, Spenglerallee 26–30, 04442 Zwenkau
Printed in Germany

ISBN 978-3-411-71164-2

www.duden.de

Marta oder Maria, Jella oder Josephine?

Oft wissen Eltern zwar schon früh, ob es ein Junge oder ein Mädchen wird, die Namenwahl fällt deswegen trotzdem nicht leichter. Wie soll der Name des zukünftigen Kindes lauten? Eher traditionell oder lieber ausgefallen, eher kurz und prägnant oder doch lieber lang? Soll es ein spanischer, hebräischer oder schwedischer Name werden?

»Der kleine Vornamenfinder für Mädchen« hilft Ihnen, die richtige Entscheidung zu treffen. Er verzeichnet über 2000 Namen und deren Herkunft aus unterschiedlichen Sprachen und Kulturen. Die zahlreichen Tabellen listen Namen nach ihrer Bedeutung (z. B. Namen mit der Bedeutung »Glück, glücklich«), ihrer Herkunft (z. B. die schönsten russischen Mädchennamen) sowie nach bekannten Namensträgerinnen auf. Weitere wertvolle Tipps zur Namengebung, z. B. der Umgang mit Rufnamen oder standesamtliche Bestimmungen, finden sich im Anschluss an dieses Vorwort.

Gerade bei Namen aus fremden Sprachen ist es wichtig, sich über die Aussprache im Klaren zu sein. Zur besseren Orientierung dienen die Betonungsangaben im Stichwort (Namen): Ein Strich oder Punkt unter einem Vokal bedeutet, dass die entsprechende Silbe betont wird, wobei der Punkt für einen kurzen und der Strich für einen langen Vokal steht (z. B. Chrịstie oder Ka̱ja). Namen, bei denen sich die Lautung von der deutschen Aussprache unterscheidet, wurden mit Ausspracheangaben nach dem Zeichensystem der IPA (International Phonetic Association) ergänzt. Weitere Angaben zur Betonung und Aussprache folgen auf den Seiten 9 und in diesem Buch.

Berlin, im Februar 2014
Die Dudenredaktion

Tipps zur Namengebung

Die Bedeutung eines Namens Bei der Auswahl eines Vornamens sollten sich die Eltern unbedingt über dessen Bedeutung im Klaren sein, damit es später nicht zu unliebsamen Überraschungen kommt.

Schwere Entscheidung Fällt die Wahl zwischen zwei Vornamen schwer, so lässt man am besten beide eintragen. Welcher davon der im Alltag gebrauchte Rufname wird, ist im Nachhinein noch festlegbar.

Romy Schneider und Julius Cäsar? Koppelungen, die den Namen berühmter Persönlichkeiten entsprechen, sind auf jeden Fall ungünstig. Das Kind läuft ansonsten Gefahr, Spott ausgesetzt zu sein.

Etwas ganz Besonderes solles sein Klangvolle exotische Namen verleihen ihrem Träger ein Stück Individualität und verschaffen ihm Aufmerksamkeit. Nützlich ist dabei, wenn sie auch für deutsche Ohren einigermaßen eingängig klingen und nicht allzu schwer zu schreiben sind.

Fremdsprachliche Vornamen Bei der Wahl eines ausgefallenen fremdsprachlichen Namens sollte man sich auf jeden Fall über die korrekte Schreibweise und Aussprache informieren, um seinem Kind später Peinlichkeiten zu ersparen.

Kurz- und Koseformen Besser ist es, die Vollform im Stammbuch eintragen zu lassen. Manche Toni möchte als erwachsene Frau lieber als Antonia unterschreiben, auch wenn sie sich von Freunden und Verwandten immer noch Toni nennen lässt.

Wer darf mitentscheiden? Ob Eltern den Namen ihres Kindes bis zur Geburt völlig geheimhalten wollen, ist sicher eine Frage, die sie selbst beantworten müssen. Mit zu vielen Personen sollten sie die Namenfrage aber sicher nicht besprechen, denn jeder Mensch hat seine ganz persönlichen Vorlieben und Abneigungen, und die Entscheidungsfindung wird durch zu viele Meinungen erheblich erschwert.

Humor ist fehl am Platz Kein Kind dankt seinen Eltern später Verbindungen, die sich reimen wie Rose Klose oder Reinald Kobald, oder gar Namenkombinationen, die sich zu einer Wortverbindung der Allgemeinsprache ergänzen, wie etwa Reiner Zufall oder Claire Grube.

Auf keinen Fall ein Name aus den Hitlisten? Haben Eltern erst einmal Gefallen an einem Namen gefunden, stellen sie oft enttäuscht fest, dass er zu den Spitzenreitern zählt. Die Befürchtung aber, der kleine Jakob könne spätestens in der Schule auf vier weitere Jakobs treffen, ist unbegründet. Auch die beliebtesten Namen verteilen sich derzeit nur auf zwei bis drei Prozent eines Jahrgangs.

Standesamtliche Bestimmungen In der Wahl des Vornamens sind Eltern grundsätzlich frei, doch entscheidet letztlich das Wohl des Kindes. Das Standesamt wird daher anstößigen, lächerlichen oder unpassenden Namen (wie etwa den tatsächlich beantragten Namen Satan, Störenfried, Bierstübl) keine Zustimmung erteilen.

Keine Wörter aus der Allgemeinsprache Es dürfen nur solche Namen gewählt werden, die ihrem Wesen nach Vornamen sind. Darum sind Wörter des allgemeinen Sprachgebrauchs ausgeschlossen. Niemand darf sein Kind Pfeil, Feder oder Klug nennen.

Häufung von Vornamen Die Zahl von Vornamen, die ein Kind bekommen darf, ist offiziell nicht geregelt, doch sollte man sich besser auf die Vergabe von zwei oder drei Vornamen beschränken. Mehr als drei Vornamen dürften sich im täglichen Leben, z.B. im Umgang mit Behörden, eher als unpraktisch erweisen.

Rufname Egal, wie viele Vornamen die Eltern standesamtlich eintragen lassen: Im Alltag wird im Allgemeinen nur ein Rufname benutzt. Die früher existierende Anweisung, einen amtlichen Rufnamen zuwählen, der dann beim standesamtlichen Eintrag unterstrichen werden musste, gilt heute nicht mehr.

Wann spätestens muss die Entscheidung für einen (oder mehrere) Vornamen gefallen sein? Ist die Namenfrage bei der Anmeldung der Geburt noch nicht geklärt, so kann der Vorname auch noch nachträglich gemeldet werden. Das soll innerhalb eines Monats nach der Geburt geschehen.

Lange und kurze Namen Zu einem besonders langen Familiennamen passt besser ein kurzer Vorname, ein kurzer Familienname harmoniert im Allgemeinen besser mit einem längeren Vornamen.

Betonte und unbetonte Silben Klangvoll sind Kombinationen von Vor- und Familienname, in denen sich betonte und unbetonte Silben abwechseln, wie etwa bei Katharina Weiß oder Simon Hardenberg.

Elterliche Vorlieben und Weltanschauungen Durch den Vornamen sollte ein Kind nicht zum Aushängeschild elterlicher Vorlieben und Weltanschauungen gemacht werden. Wer weiß denn schon, ob das Kind später beispielsweise die elterliche Liebe zur Musik teilt und einen Vornamen wie Johann-Sebastian (nach J. S. Bach) nicht als Last empfinden wird.

Jan Johannes und Kerstin Christina? Vermeiden sollte man das Nebeneinander verschiedener Varianten oder Kurzformen desselben Namens!

Angaben zu Betonung und Aussprache

Vokale

a = helles a, dt. Bl*a*tt
a = dunkles a, dt. w*a*r, engl. r*a*ther
ɐ = abgeschwächtes a, dt. Ob*er*
ã = nasaliertes a, französ. gr*an*d
ʌ = dumpfes a, engl. b*u*t
æ = breites ä, dt. *Ä*ther
e = geschlossenes e, dt. B*ee*t, engl. *e*gg
ɛ = offenes e, dt. B*e*tt, dt. f*e*tt
ə = dumpfes e, dt. all*e*, dt. Hack*e*
ɛ̃ = nasaliertes e, französ. f*in*, französ. v*in*
i = geschlossenes i, dt. W*ie*se
ɪ = offenes i, dt. b*i*n, dt. m*i*t, dt. b*i*tte
o = geschlossenes o, dt. T*o*r, dt. S*o*hle
ɔ = offenes o, dt. K*o*pf, dt. *O*rt
õ = nasaliertes o, französ. m*on*, französ. n*om*bre
œ = offenes ö, dt. H*ö*lle, dt. *ö*fter
ø = geschlossenes ö, dt. H*ö*hle, dt. sch*ö*n
u = geschlossenes u, dt. M*u*t, dt. *U*hr
ʊ = offenes u, dt. b*u*nt
w = halbvokalisches w, engl. *w*ell, engl. *w*ay
y = geschlossenes ü, dt. am*ü*sieren
ɥ = konsonantisches ü, französ. S*u*isse, französ. h*u*ile

Konsonanten

ç = deutscher Ich-Laut, dt. i*ch*, Gewi*ch*t
ŋ = deutscher ng-Laut, dt. Ha*ng*, dt. Di*ng*
ɣ = ähnlich dem deutschen g-Laut, aber wesentlich weicher ausgesprochen, fast wie das deutsche Zäpfchen-r,
s = stimmloses s, dt. la*ss*en, dt. Li*s*te
z = stimmhaftes s; dt. *S*onne, dt. le*s*en
ʃ = stimmloses sch, dt. *Sch*uh, dt. Fi*sch*
ʒ = stimmhaftes sch, dt. Gara*g*e, dt. *G*enie, französ. *j*our
θ = stimmloses englisches th, engl. *th*ing
ð = stimmhaftes englisches th, engl. *th*e, engl. *th*at
v = stimmhaftes w, dt. *W*ald, dt. *W*ein
x = deutscher Ach-Laut, dt. Kra*ch*, dt. A*ch*tung

Benutzerhinweise

Weitere Zeichen

ˈ = bezeichnet Betonung und steht vor der betonten Silbe
: = bezeichnet Länge des vorhergehenden Vokals
̯ = unter Vokalen, gibt an, dass der Vokal unsilbisch ist

Abkürzungsverzeichnis

Nicht verzeichnet finden sich all jene Abkürzungen für Sprachbezeichnungen, bei denen nur »-isch« zu ergänzen ist, z. B. *engl.* für *englisch.*

ahd.	althochdeutsch
aram.	aramäisch
eigtl.	eigentlich
evtl.	eventuell
hebr.	hebräisch
lat.	lateinisch
lit.	litauisch
männl.	männlich
mhd.	mittelhochdeutsch
mittellat.	mittellateinisch
n. Chr.	nach Christus
neuhebr.	neuhebräisch
niederdt.	niederdeutsch
v. Chr.	vor Christus
vgl.	vergleiche
Vorn.	Vorname
weibl.	weiblich
>	entwickelt zu
<	entwickelt aus

A

Abelia: aus dem Spanischen, weibliche Form von Abel: aus der Bibel, zu hebr. hebel »Hauch, Vergänglichkeit«, als Anspielung auf Abels vorzeitigen Tod. Nach der Bibel war Abel der zweite Sohn Adams, der von seinem Bruder Kain erschlagen wurde.

Abelina: Erweiterung von Abel(a), einer älteren niederdeutschen Kurzform von ▸ Apollonia, ▸ Alberta oder von einem alten weibl. Vorn., der aus altsächs. aval »Kraft« gebildet wurde.

Abigail, (überkonfessionelle Form:) Abigajil: aus der Bibel, hebr. 'abīgayil »der Vater hat sich gefreut«.

[1]Ada, (auch:) Adda: Kurzform von Namen, die mit »Adel-« gebildet sind, gewöhnlich von ▸ Adelheid, auch spanisch, italienisch und englisch.

[2]Ada: aus der Bibel, hebräischer Ursprung, Bedeutung etwa »der Herr hat geschmückt«.

Adda: ▸ [1]Ada.

Adela: Nebenform von ▸ Adele, auch spanisch.

Adelaide: französische Form von ▸ Adelheid.

Adele: Kurzform von ▸ Adelaide.

Adelheid: alter deutscher Vorname, zu ahd. adal »edel, vornehm; Abstammung, [edles] Geschlecht« + ahd. heit, dem germanisch *haidu- »Art und Weise, Gestalt« zugrunde liegt; etwa »von edler Art, edlem Wesen«.

Adelia: Weiterbildung von ▸ Adele, auch italienisch.

Adeltraud, (auch:) Adeltrud; Edeltraud; Edeltrud; Altraud; Altrud: alter deutscher Vorname, ahd. adal »edel, vornehm; Abstammung, [edles] Geschlecht« + german. *þrūþi »Kraft, Stärke«, in althochdeutscher Zeit umgedeutet zu trūt »vertraut, lieb«.

Adina: Weiterbildung von ▸ [1]Ada oder ▸ [2]Ada.

Adriana, (auch:) Adriane: weibl. Form von Adrian: zu lat. [H]adriānus »der aus der Stadt [H]adria«. Der Beiname des Kaisers Publius Aelius Hadrianus geht nach antiker Tradition auf den Herkunftsort seiner Eltern, Hadria, heute Atri, Provinz Teramo, zurück.

Adrienne: französische Form von ▸ Adriana.

Aenne: ▸ Änne.

Agata: Schreibvariante von ▸ Agatha, auch italienisch.

Agatha: zu griech. agathós, -ḗ, -ón »gut«, auch englisch.
Agathe: deutsche Form von ▸ Agatha.
Agda: schwedische und dänische Form von ▸ Agathe.
Aglaia, (auch:) Aglaja; Aglaë: zu griech. aglaós »glänzend, prächtig«.
Agnes: vulgärlateinischer Ursprung, nach griech. hagnós, -ḗ, -ón »keusch, rein; hehr; geheiligt« mit einem falschen Nominativ gebildet; aufgrund der Klangähnlichkeit an lat. agnus »Lamm« angelehnt.
Agneta, (auch:) Agnete; Agnetha: Weiterbildung von ▸ Agnes.
Aida: geht zurück auf die Gestalt der äthiopischen Sklavin in G. Verdis Oper »Aida«. Der Name wurde von dem Autor der Vorlage, Auguste Mariette, vielleicht nach dem altägyptischen Namen ‘Iiti geschaffen.
Aike: ▸ Eike.
Aiko: zu japan. ai »Liebe« + japan. ko »Kind«.
Aila: ▸ Eila.
Aileen, (auch:) Ayleen: aus dem Englischen, Schreibvariante von ▸ Eileen.
Ailina, an die deutsche Schreibweise angepasste Erweiterung von ▸ Aileen.
Aimée: weibl. Form von Aimé.
[1]Aina: katalanische und estnische Variante von ▸ Anna.
[2]Aina: aus dem Lettischen, zu lett. aina »Bild (im übertragenen Sinn)«.
Aischa: zu arab. ‘ā’ischa »lebendig, wohlauf«.
Akila, (auch:) Akilah: aus Kenia und Tansania; geht zurück auf Suaheli »intelligent« (< arab. ‘āqil »intelligent«).
Alana: weibl. Form von Alan: aus dem Englischen, keltischer (bretonischer) Ursprung, vielleicht zu al- »Fels«, kam durch die normannischen Eroberer nach England.
Alanis: weibl. Bildung zu Alan (▸ Alana).
Alba: zu lat. albus, -a, -um »weiß«.
Alberta, (auch:) Alberte: weibl. Form von Albert, einer jüngeren Form von Adalbert: alter deutscher Vorname, ahd. adal »edel, vornehm; Abstammung, [edles] Geschlecht« + ahd. beraht »glänzend«; etwa »von glänzender Abstammung«.
Albertina, (auch:) Albertine: weibl. Form von Albert (▸ Alberta).

Alda: verselbstständigte italienische Kurzform von Namen, die mit »Alde-« gebildet wurden (z. B. Aldegund), zu ahd. alt »alt, erfahren« oder ahd. adal »edel, vornehm; Abstammung, [edles] Geschlecht«.

Aleka, (auch:) Aleke; Alika; Alike: niederdeutsche Koseform von Namen, die mit »Adel-« gebildet sind, besonders von ▸ Adelheid.

¹Alena, (deutsch auch:) Alene: tschechische Kurzform von ▸ Magdalena.

²Alena: russische Kurzform von ▸ Alexandra oder ▸ Jelena.

Alessa: aus dem Italienischen, Kurzform von Alessandra (▸ Alexandra).

Alessandra: italienische Form von ▸ Alexandra.

Alessia: weibl. Form von Alessio, der italienischen Form von Alexis (▸ Alexis).

Alexa: Kurzform von ▸ Alexandra.

Alexandra: weibl. Form von Alexander: lateinische Form von griech. Aléxandros (zu aléxō »wehre ab, schütze, verteidige« + anḗr, andrós »Mann«; etwa »der Männer Abwehrende, Schützer«).

Alexandrine, (auch:) Alexandrina: weibl. Form von Alexander (▸ Alexandra).

Alexia: Kurzform von ▸ Alexandra oder weibl. Form des männl. Vornamens Alexis (▸ Alexis).

Alexis: identisch mit dem männl. Vornamen Alexis: griechischer Ursprung, verselbstständigte Kurzform von Namen, die mit »Alex-« (zu griech. aléxō »wehre ab, schütze, verteidige«) gebildet sind.

Alfa: weibl. Form von Alf, einer Kurzform von Namen, die mit »Alf-« beginnen, besonders von Alfred: aus dem Englischen, altengl. Ælfred, zu altengl. ælf »Elf, Naturgeist« + altengl. rǣd »Rat«.

Die schönsten englischen Mädchennamen

Amanda • Amber • Becky • Carleen • Daisy • Debby • Fanny • Gillian • Helen • Jane • Judy • Maggie • Pamela • Sally

Alice: geht zurück auf Adaliz, Aliz, die altfranzösischen Kurzformen von ▸ Adelheid.
Alicia: Latinisierung oder spanische Form von ▸ Alice.
[1]**Alida,** (auch:) Alide; Alita: niederdeutsch-friesische Kurzformen von ▸ Adelheid.
[2]**Alida:** verselbstständigte italienische Kurzform von germanischen Namen, die mit adal »edel, vornehm; Abstammung, [edles] Geschlecht« zusammengesetzt wurden.
Alija: ▸ Aliya.
Alina: ▸ Aline.
Aline: aus dem Französischen, Kurzform von Adeline.
Alisa: niederländische Nebenform von ▸ Alice.
Alise ['alise]: lettische Form von ▸ Alice.
Alisha: aus dem Englischen, phonetische Schreibweise von engl. Alicia, ▸ Alice.
Alison, (auch:) Allison ['ælɪsn]: aus dem Englischen, ursprünglich französische Koseform von ▸ Alice.
Alissa: niederländische, englische oder russische Nebenform von ▸ Alice.
Aliya, (auch:) Aliyah; Aaliyah; Alija: zu arab. ʻalīa »die Hohe, Erhabene, Ausgezeichnete«.
Aliza, (auch:) Alizah [ali'za:]: zu neuhebr. ʻalizā »die Fröhliche«.
Alizée [ali'ze]: zu französ. alizé »Passatwind«.
Alke, (auch:) Alka: niederdeutsche Koseform von Namen, die mit »A(de)l-« gebildet sind, besonders von ▸ Adelheid.
Allegra: zu italien. allegro, -a »fröhlich, lebhaft, munter«.
Allison: ▸ Alison.
Allmut: ▸ Almut.
[1]**Alma:** aus dem Italienischen, zu lat. almus, -a, -um »nährend, Segen spendend, fruchtbar«.
[2]**Alma:** verselbstständigte Kurzform von Namen, die mit »Amal-« gebildet wurden (z. B. Amalberga, Amalgunde).
Almut, (auch:) Almute; Almuth; Allmut: jüngere Form von Adelmut; ahd. adal »edel, vornehm; Abstammung, [edles] Geschlecht« + ahd. muot »Sinn, Gemüt, Geist«; etwa »von edlem Sinn«.
Aloisa, (auch:) Aloise; Aloysa; Aloisia; Aloysia: weibl. Form von Alois, auch Aloisius, Aloys, Aloysius: Latinisierungen einer

italienischen Koseform von Ludovico (▸ Ludovica), der eine altfranzös. Form dieses Namens (Looïs) zugrunde liegt.

Ạlva: aus dem Schwedischen, weibliche Form von Alf (▸ Alfa) oder Alvar: schwedische bzw. englische Herkunft, Bestandteile entsprechen ahd. alb »Elf, Naturgeist« + ahd. heri »Kriegsschar, Heer«.

^{1}**Alvi̱na:** weibl. Form von Alvin: aus dem Englischen, geht zurück auf altengl. Æðelwine oder Ælfwine zu altengl. æðel »edel« bzw. ælf »Elf, Naturgeist« + altengl. wine »Freund«.

^{2}**Alvi̱na:** Nebenform von ▸ Alwine.

Alwi̱ne, (auch:) Alwi̱na: weibl. Form von Alwin, einer jüngeren Form von Albwin (ahd. alb »Elf, Naturgeist« + ahd. wini »Freund«) oder von Adalwin (ahd. adal »edel, vornehm; Abstammung, [edles] Geschlecht«.

Amạlie, (auch:) Ama̱lia; Ạmelie: verselbstständigte Kurzform von Namen, die mit »Amal-« gebildet wurden (z. B. Amalberga, Amalgund).

Amancạya: geht zurück auf den Namen einer Blume in der Sprache der Quechua-Indianer.

Amạnda: weibl. Form von Amandus: zu lat. amandus, -a, -um »liebenswürdig, lieblich«, zu amāre »lieben«.

Amarỵllis: Name einer Hirtin in der altgriechischen und lateinischen Hirtendichtung, im 18. Jh. auf die gleichnamige exotische Zierpflanze übertragen.

Amạta: zu lat. amātus, -a, -um »geliebt«, zu amāre »lieben«.

Ạmber: zu engl. amber »Bernstein«.

Ạmbra: zu italien. ambra »Bernstein«.

Amẹlia, (auch:) Ame̱lie: geht wahrscheinlich zurück auf den römischen Geschlechternamen Amelius (wohl etruskische Herkunft). Gelegentlich wird Amelia auch als Nebenform von ▸ Amalie empfunden.

Die schönsten französischen Mädchennamen

Adrienne • Alizée • Annick • Claire • Colette • Corinne • Fabienne • Jeanne • Juliette • Madeleine • Madelon • Manon • Mireille • Nicoline • Ninon • Odile

Amelie: Nebenform von ▸ Amalie.
Amélie: französische Form von ▸ Amelia oder ▸ Amalie.
Amely [ˈæməlɪ]: englische Form von ▸ Amelia oder ▸ Amalie.
Ämilia: ▸ Emilie.
[1]**Amina:** arabischer Ursprung, weibl. Form von Amin: zu arab. al amīn »der Vertrauenswürdige«, Beiname des Propheten Mohammed.
[2]**Amina:** zu arab. amina »sicher sein, sich sicher fühlen«.
[3]**Amina:** verselbstständigte Kurzform von Namen, die mit »Amal-« gebildet wurden (vgl. ▸ Amalie, ▸ Amke).
Amira: zu arab. amīra »Herrin, Prinzessin«.
Amke: verselbstständigte niederdeutsch-friesische Koseform von Namen, die mit »Amal-« gebildet wurden.
Amrit, (auch:) Amrita: identisch mit bzw. weibl. Form zu dem männl. Vornamen Amrit: zu sanskrit. amṛta »unsterblich«.
Amy [ˈeɪmɪ]: aus dem Englischen, geht zurück auf altfranzös. amée »geliebt« , vgl. ▸ Aimée, ▸ Amata.
Ana: spanische, aber auch bulgarische, serbische, kroatische Form von ▸ Anna.
Anabel: Nebenform von ▸ Annabella; auch spanische Doppelform aus ▸ Ana und ▸ Isabel. Spanische Betonung: Anabẹl.
Anaïs: aus dem Französischen, wird als Weiterbildung von ▸ Anna aufgefasst.
Ananda: weibl. Form von Anand: aus Indien, zu sanskrit. ānanda »Glück, Freude«.
Anastasia: zu griech. anástasis »Auferstehung«.
Andra: Kurzform von ▸ Alexandra oder Nebenform von ▸ Andrea.
Andrea: weibl. Form von Andreas: griechischer Ursprung, verselbstständigte Kurzform von Namen, die mit »Andr-« (zu griech. anḗr, andrós »Mann«) gebildet sind.
Andreana: weibl. Form des im Italienischen männl. Vornamens Andrea, der italienischen Form von Andreas (▸ Andrea).
Andrée [ãˈdre], (deutsch auch:) Andree: französische Form von ▸ Andrea.
Andreina: weibl. Form des im Italienischen männl. Vornamens Andrea, der italienischen Form von Andreas (▸ Andrea).

Andrina: niederländische und englische Erweiterung von ▸ Andrea.

Anette, (auch:) Anett: Schreibvariante von ▸ Annette.

Angel [ˈeɪndʒəl]: identisch mit dem männl. Vornamen Angel, der englischen Form von Angelos: zu griech. ángelos »Bote, Bote Gottes, Engel«.

Angela, (auch:) Angela: zu lat. angelus »Engel« aus griech. ángelos »Bote; Bote Gottes, Engel«.

Angelika, (auch:) Angelica: zu lat. angelicus, -a, -um, griech. angelikós »zum Engel gehörend, engelhaft«, Ableitung von ángelos »Bote; Bote Gottes, Engel«.

Angelina, (auch:) Angeline: italienische Koseform von ▸ Angela.

Angélique [ãʒeˈlik]: französische Form von ▸ Angelika.

Angie [ˈændʒɪ]: englische Koseform von ▸ Angela.

Anica [ˈanitsa]: slowenische, kroatische, bulgarische, makedonische Koseform von ▸ Anna.

Anika: ▸ Annika.

Anima: zu lat. anima »Seele, Lebenskraft, Atem«.

[1]Anissa: russische umgangssprachliche Form von Anissija, zu griech. ánysis »Erfüllung, Vollendung«.

[2]Anissa: niederländische Erweiterung von ▸ Anna.

[3]Anissa: zu arab. anīssa »die Freundliche, die Höfliche«.

Anita: spanische Koseform von ▸ Anna oder Kurzform von Juanita (▸ Johanna).

Anja: russische Form von ▸ Anna.

Anjuta: russische Koseform von ▸ Anna.

Anka: niederdeutsche oder polnische (auch bulgarische, slowenische) Koseform von ▸ Anna.

Anke: niederdeutsch-friesische Koseform von ▸ Anna.

Ann: ▸ Anna, auch englisch. Häufig Bestandteil von Doppelformen wie z. B. Annchristin oder Annkat(h)rin.

Anna: zu hebr. hannā »Anmut, Liebreiz«. Anna hieß nach der christlichen Überlieferung die Mutter Marias. Anna ist häufig Bestandteil von Doppelformen wie z. B. Annakat(h)rin.

Annabella, (auch:) Annabell; Annabel; Anabel: entweder Doppelform aus ▸ Anna und ▸ Bella oder Umgestaltung des weibl. Vornamens Amabel (lat. amābilis, -e »liebenswert«, vgl. ▸ Mabel) zu Anabel und weiter zu Annabella.

Anne: Nebenform von Anna. Anne ist häufig Bestandteil von Doppelformen wie z. B. ▸ Annemarie.
Änne, (auch:) Aenne: Nebenform von ▸ Anna.
Anneke: niederdeutsche Koseform von ▸ Anna.
Anneli, (auch:) Annelie; Annely: süddeutsche Koseform von ▸ Anna.
Annemarie, (auch:) Annemaria: Doppelform aus ▸ Anne und ▸ Maria.
Annette, (auch:) Annett; Anette; Anett: aus dem Französischen, Koseform von ▸ Anna.
Anni: Koseform von ▸ Anna.
Annick: französische Schreibung von Annaig, einer bretonischen Ableitung von ▸ Anna.
[1]**Annie:** Nebenform von ▸ Anni.
[2]**Annie:** französische und englische Koseform von ▸ Anna.
Annika, (auch:) Annike: niederdeutsche und schwedische Koseform von ▸ Anna.
Anny: Schreibvariante von ▸ Anni oder von ▸ [2]Annie.
Anouk [aˈnuk]: aus dem Französischen, Koseform von ▸ Annick.
Antina, (auch:) Antine; Andina; Andine: ostfriesische und niederländische Erweiterung von ▸ Anna.
Antje, (auch:) Antja: friesische und niederländische Koseform von ▸ Anna.
Antoinette [ãtwaˈnɛt]: aus dem Französischen, Koseform von französ. Antoine (▸ Antonia).
Antonella: italienische Koseform von ▸ Antonia.
Antonetta: italienische Koseform von ▸ Antonia.
Antonia, (auch:) Antonie: weibl. Form von Anton(ius): lateinischer Ursprung, geht zurück auf einen altrömischen Geschlechternamen.
Antonietta: italienische Koseform von ▸ Antonia.
Antonina: weibl. Form von Antonino: aus dem Italienischen, geht zurück auf den römischen Geschlechternamen Antoninus.
Anuschka: russische Koseform von ▸ Anna, auch eindeutschende Schreibung von ung. Annuska.
Apollonia, (auch:) Apollonie: weibl. Form von lat. Apollōnius, griech. Apollṓnios (zum griechischen Götternamen Apóllōn).

April [ˈeɪprəl]: aus dem Englischen, geht zurück auf den gleichlautenden Monatsnamen.

Arabella, (auch:) Arabelle: wahrscheinlich schottische Herkunft, vielleicht Nebenform von ▸ Annabella.

Arantxa [aˈrantʃa]: baskische Herkunft, Koseform des weibl. Vornamens Arántzazu, der auf das gleichnamige Marienheiligtum im Baskenland zurückgeht.

Ardita: zu italien. ardito, -a »kühn, wagemutig«.

Aria: niederländische Kurzform von ▸ Adriana.

Ariadne, (auch:) Ariadna: aus der griechischen Mythologie, vorgriechischer Ursprung, griechisch volksetymologisch als ari [verstärkende Vorsilbe] + hagnḗ »die Heilige« gedeutet. Ariadne war der Name der Tochter des Königs Minos von Kreta. Nach der griechischen Sage gab Ariadne Theseus, den sie liebte, ein Wollknäuel, mit dem er nach seinem Kampf mit dem Minotauros aus dem Labyrinth herausfand.

[1]**Ariane,** (auch:) Ariana: weibl. Form von Arian, einer friesischen und niederländischen Nebenform von Adrian (▸ Adriana).

[2]**Ariane** [aˈrjan]: französische Form von ▸ Ariadne.

Arianna: italienische Form von ▸ Ariadne.

Ariela: weibl. Form von Ariel: hebräischer Ursprung, der noch nicht sicher geklärt ist (hebr. ʼarīʼēl »Löwe Gottes« oder »Altar-Herd«?).

Arina: niederländische Kurzform von ▸ Adriana oder russische Nebenform von ▸ Irina.

Aris: zu neuhebr. ʼerez »Zeder«.

Arleen, (auch:) Arlene; Arline; Arlyne: aus dem Englischen, vermutlich Neubildung aus ▸ Marlene oder Charlene (▸ Charleen).

Arlette, (auch:) Arlett: aus dem Französischen, geht vielleicht zurück auf die Kurzform eines mit german. *harja (vgl. ahd. heri »Kriegsschar, Heer«) gebildeten Namens.

Die schönsten italienischen Mädchennamen

Alessandra • Antonella • Bianca • Carlotta • Chiara • Domenica • Fiora • Gemma • Gianna • Giulia • Ilaria • Lucrezia • Ornella • Paola • Raffaela

Armelle, (auch:) Armella: weibl. Bildung zu dem französischen Vornamen Armel, dem Namen eines bretonischen Heiligen aus dem 6. Jh.

Armina: weibl. Form von Armin: geht zurück auf den Namen des Cheruskerfürsten Arminius, Kurzform zu einem mit german. *ermana, *irmina »allumfassend, groß« gebildeten Namen.

Arnhild: alter deutscher Vorname, zu ahd. arn »Adler« + ahd. hiltja »Kampf«.

Arnika: latinisierende Koseform von Namen, die mit »Arn-« beginnen (▸ Arnhild), gleichlautend mit der Bezeichnung für die Heilpflanze.

Artemis: aus der griechischen Mythologie. Artemis, Tochter des Zeus und Zwillingsschwester Apolls, war die Göttin der Jagd.

Ashley [ˈæʃlɪ]: identisch mit dem männl. Vornamen Ashley: aus dem Englischen, ursprünglich Orts- und Familienname, altengl. æsc-lēah »Eschenhain«.

Aspasia: zu griech. aspásios »willkommen; freudig«.

Asta: Kurzform von ▸ Anastasia, ▸ Astrid oder August (▸ Auguste).

Astrid: aus dem Nordischen, german. *ans- »Gottheit« + altnord. fríðr »schön«.

Athanasia: weibl. Form von Athanasius: zu griech. a-thánatos »unsterblich«.

Athena, (auch:) Athene: vorgriechischer Ursprung, geht zurück auf Athḗnē, die griechische Göttin der Weisheit, des Krieges und des Friedens, die Schutzherrin von Athen; Bedeutung unklar.

Audrey [ˈɔːdri]: aus dem Englischen, geht zurück auf altenglisch Æðelþryð, zu altengl. æðel »edel« + þrȳð »Stärke, Macht«.

Auguste, (auch:) Augusta: weibl. Form von August: zu lat. augustus, -a, -um »heilig; ehrwürdig; erhaben«. Lat. Augustus war ehrender Beiname des ersten römischen Kaisers Gaius Octavianus, dem zu Ehren der achte Monat des Kalenderjahres benannt ist (lat. [mēnsis] Augustus).

Augustine, (auch:) Augustina: weibl. Form von Augustin(us): Weiterbildung von Augustus (▸ Auguste).

Aurelia, (auch:) Aurelie: weibl. Form von Aurel(ius): lateinischer Ursprung, geht zurück auf einen altrömischen Geschlechternamen vorrömischer Herkunft.

Aurora, (auch:) Aurore: zu lat. Aurōra »[Göttin der] Morgenröte«.

Ava: germanische Herkunft, Ausgangsform ungeklärt, vielleicht zu altsächs. aval »Kraft«.

Avery [ˈeɪvrɪ]: identisch mit dem männl. Vornamen Avery: ursprünglich ein englischer Familienname, der auf eine mittelalterliche Form von Alfred (▸ Alfa) zurückgeht.

Axinja, (auch:) Axinia: russische und ukrainische Herkunft, volkstümliche Form von ▸ Xenia.

Ayla: türkische Herkunft, Bedeutung »Lichtkranz«.

Ayleen: ▸ Aileen, ▸ Eileen.

Ayline, (auch:) Aylina; Aylin: ▸ Ailina.

Ayşe [aɪˈʃɛ]: türkische Form von ▸ Aischa.

Azra [azˈraː]: zu arab. ʻazrā »Jungfrau«.

B

Babette, (auch:) Babett: aus dem Französischen, Koseform von ▸ Barbara oder ▸ Elisabeth.

Barbara: zu lat. barbarus, -a, -um »fremd, ausländisch, barbarisch« aus gleichbedeutend griech. bárbaros.

Bärbel: Koseform von ▸ Barbara.

Barbra: norwegische, niederländische und englische [ˈbɑːbrə] Nebenform von ▸ Barbara.

Barbro: schwedische und norwegische Form von ▸ Barbara.

Batseba, (auch:) Bathseba: aus der Bibel, zu hebr. batšebaʻ »Tochter der Fülle, des Glücks«.

Batya, (auch:) Batyah: zu neuhebr. batyāh »Tochter Gottes«.

Bea: Kurzform von ▸ Beate und ▸ Beatrix.

Beate, (auch:) Beata: zu lat. beātus, -a, -um »glücklich«.

Beatrice [beaˈtriːsə], italien. Aussprache: [beaˈtriːtʃe]: italienische Form von ▸ Beatrix.

Beatrix, (auch:) Beatrix: zu lat. beātus, -a, -um »glücklich«, Bedeutung etwa »die glücklich Machende«.

Becky: englische Koseform von ▸ Rebekka.

Bele: Kurzform – eigentlich Lallform aus der Kindersprache – von ▸ Elisabeth, selten auch von ▸ Sybille, ▸ Gabriele.

Belina: Erweiterung von ▸ Bele.

Belinda, engl. Aussprache: [bɪˈlɪndə], (auch:) Belinde: aus dem Englischen, erster Bestandteil vielleicht zu german. *badu- »Kampf«, der zweite entspricht ahd. lind »sanft, weich, mild«, auch beeinflusst durch ahd. linta »Linde, Schild aus Lindenholz«.

¹Bella: zu italien. bello, -a »schön«.

²Bella: Kurzform von ▸ Isabella.

Benedetta: italienische Form von ▸ Benedikta.

Benedicta: ▸ Benedikta.

Bénédicte: französische Form von ▸ Benedikta.

Benedikta, (auch:) Benedicta: weibl. Form von Benedikt, auch Benedict: zu lat. benedictus »gepriesen, gesegnet«.

Benita: spanische Form von ▸ Benedikta.

Benja: russische Koseform von ▸ Benedikta.

Berenice: Nebenform von ▸ Berenike.

Bérénice [bereˈnis]: französische Form von ▸ Berenike.

Berenike, (auch:) Berenice: makedonischer Ursprung, zu griech. Phereníkē »die Siegbringerin«.

Berit, (auch:) Berrit: nordische Herkunft, Nebenform von ▸ Birgit.

Bernadette, (auch:) Bernadett: aus dem Französischen, weibl. Form von Bernard, der französischen und englischen Form von Bernhard (▸ Bernharda).

Bernarda: italienische und spanische Form von ▸ Bernharda.

Bernharda: weibl. Form von Bernhard: alter deutscher Vorname, zu german. *ber(a)nu- »Bär« + ahd. harti, herti »hart, kräftig, stark«.

Bernice [ˈbəːnɪs]: englische Nebenform von ▸ Berenice.

Berta, (älter auch:) Bertha: alter deutscher Vorname, zu ahd. beraht »glänzend«. Ursprünglich war Berta eine Kurzform von weiblichen Vornamen, die mit »Bert-« oder »-berta« gebildet wurden (z. B. Berthild oder Amalberta).

Bertina: Kurzform von ▸ Albertina oder Erweiterung von ▸ Berta.

Beryl, (auch:) Beryll: aus dem Englischen, geht zurück auf die englische Bezeichnung für den glashellen Halbedelstein Beryll.

Bess: englische Koseform von Elizabeth (▸ Elisabeth).

Bẹssy, (auch:) Bẹssie: englische Koseform von Elizabeth (▸ Elisabeth).

Bẹta, (auch:) Be̲tha: Kurzform von ▸ Elisabeth.

Beth [bɛθ]: englische Kurzform von ▸ Elisabeth.

Beti̲na: Erweiterung von ▸ Beta oder Schreibvariante von ▸ Bettina.

Bẹtsy: englische Koseform von Elizabeth (▸ Elisabeth).

Bẹtta: italienische Kurzform von Elisabetta (▸ Elisabeth).

Bẹtti: Koseform von ▸ Elisabeth.

Betti̲na, (deutsch auch:) Betti̲ne: italienische Kurzform von Elisabettina, einer Weiterbildung von Elisabetta (▸ Elisabeth).

Bẹtty: englische Koseform von Elizabeth (▸ Elisabeth).

Bẹverley, (auch:) Bẹverly: aus dem Englischen, geht zurück auf den Ortsnamen Beverly in Yorkshire/England bzw. den davon abgeleiteten Familiennamen.

Biạnca, (auch:) Biạnka: zu italien. bianco, -a »weiß«, das aus dem Germanischen stammt, vgl. ahd., mhd. blanc »weiß, glänzend; schön«.

Bibia̲na: Variante von ▸ Viviana. Die Schreibung Bibiana beruht auf der griechischen Wiedergabe des lat. V durch B.

Bịggi, (auch:) Bịgi; Bịggy: Koseform von ▸ Brigitte oder ▸ Birgit.

Bịllie: aus dem Englischen, als weibl. Vorname gebrauchte Koseform von William [ˈwɪljəm], der englischen Form von Wilhelm: zu ahd. willio »Wille« + ahd. helm »Helm«.

Bịrgit, (auch:) Bịrgitt; Bịrgid; Bẹrgit; Be̲rit: nordische Herkunft (▸ Birgitta).

Birgịtta, (auch:) Birgịtte: schwedische, norwegische, dänische Form von ▸ Brigitte.

Bịrte, (auch:) Bịrtha; Bịrthe: dänische Kurzform von ▸ Birgit.

Blạnca: ▸ Blanka.

Die schönsten schwedischen Mädchennamen

Agda • Annika • Barbro • Birgitta • Gunna • Kaja • Kajsa • Kerstin • Lillemor • Linnea • Maj • Maret, Marit • Metta • Svea • Ylva

Blanche [blãːʃ]: zu französ. blanc, blanche »weiß«, das aus dem Germanischen stammt, vgl. ahd., mhd. blanc »weiß, glänzend; schön«.

Blanka, (auch:) Blanca: zu span. blanco, -a »weiß«, das aus dem Germanischen stammt, vgl. ahd., mhd. blanc »weiß, glänzend; schön«.

Bo: Herkunft unbekannt, vielleicht nach chinesisch bo »kostbar, wertvoll, unschätzbar« gebildet, vermutlich aber doch eher frei erfundener Künstlername der Schauspielerin Bo Derek. In Deutschland gilt der Name nicht als eindeutig weiblich und darf daher nur zusammen mit einem weiteren weiblichen Vornamen vergeben werden.

Bobby, (auch:) Bobbie: englische Koseform von ▸ Roberta.

Bogdana: weibl. Form von Bogdan: aus dem Polnischen oder Russischen, bedeutet – wie auch Theodor – eigentlich »Gottesgeschenk«, zu urslaw. *bogъ »Gott« + dan, zu urslaw. *dati »geben«.

Bohdana: weibl. Form von Bohdan, der tschechischen und slowakischen Form von Bogdan (▸ Bogdana).

Bonita: vielleicht eine Erweiterung von Bona, zu lat. bonus, -a, -um »gut«, vielleicht aber auch eine Entlehnung des im 20. Jh.s in den USA aufgekommenen Vornamens Bonita, zu span. bonito, -a »hübsch«.

Bonnie, (auch:) Bonny: zu engl., bes. schott. bonny »hübsch, nett«, auch »Liebling«.

Branka: serbische, kroatische oder slowenische Herkunft, weibl. Form von Branko, einer Kurzform von Branislav, zu urslaw. *borniti »[be]kämpfen« + urslaw. *slava »Ruhm, Ehre«.

Brenda: schottische/irische Herkunft, vielleicht Kurzform eines mit »Brand-« gebildeten Namens (vgl. ahd. brant »Brand«, dichterische Umschreibung für das Schwert). In Irland wird Brenda aufgefasst als weibl. Form von Brendan ['brɛndən], der englischen Schreibweise des altirischen Namens Bréanainn (»Prinz«).

Bridget ['brɪdʒət]: englische Form von ▸ Brigitte.

Brigida: latinisierte Form von ▸ Brigitte.

Brigitte, (auch:) Brigitt; Brigitta: zu urkeltisch *briganti »der/die Hohe, Erhabene«. Brigit war der Name einer altirischen Lichtgottheit, und viele ihrer Attribute wurden in die

Legende über die heilige Brigitta von Kildare, die Nationalheilige Irlands, übernommen. Mit Brigitte identisch ist der nordische Vorname ▸ Birgitta, der gleichfalls auf den Namen der irischen Heiligen zurückgeht.

Brinja: Herkunft und Bedeutung unbekannt.

Brit, (auch:) Britt: aus dem Schwedischen, Kurzform von ▸ Birgit, ▸ Birgitta.

Brita: ▸ Britta.

Britney, (auch:) Brittney: aus dem Englischen, Nebenform von ▸ Brittany.

Britt: ▸ Brit.

Britta, (auch:) Brita: aus dem Schwedischen, Kurzform von ▸ Birgitta.

Brittany: englische Herkunft, hervorgegangen aus »Britannia«, der symbolischen Verkörperung von Großbritannien.

Brittney: ▸ Britney.

Bronja, (auch:) Bronia: polnische Herkunft, Kurzform von Bronisława, zu urslaw. *borniti »[be]kämpfen« + urslaw. *slava »Ruhm, Ehre«.

Brooke, (auch:) Brook [brʊk]: ursprünglich englischer Orts- bzw. Familienname, zu engl. brook »Bach«.

Brunhild, (auch:) Brunhild; Brunhilde; Brünhild; Brünhild; Brünhilde: alter deutscher Vorname, zu ahd. brunnia »Brünne, Brustpanzer« + ahd. hiltja »Kampf«.

C

Cäcilie, (auch:) Cäcilia; Cäzilia; Cecilie; Cecilia; Zäzilie; Zäzilia: lateinischer Ursprung. Lat. Caecilia ist die weibl. Form zu dem altrömischen Geschlechternamen Caecilius, der vielleicht etruskischen Ursprungs ist und später volksetymologisch zu lat. caecus, -a, -um »blind« gestellt wurde.

Caitlín, (auch:) Caitlin ['kætli:n]: aus altfranzös. Catheline entstandene irische Form von ▸ Katharina.

Caja: ▸ Kaja.

Cameron ['kæmərən]: identisch mit dem männl. Vornamen Cameron, der auf einen schottischen Familiennamen zurückgeht. So heißt einer der großen Clans in den Highlands, zu gäl. cam shron »gekrümmte Nase«.

Camilla, (auch:) Kamilla: weibl. Form von Camillus, auch Kamillus: lateinische Herkunft; Camillus war der Beiname des altrömischen Geschlechts der Furii und wird in Verbindung gebracht mit den camillī, edelgeborenen Knaben, die den Priestern bei den Opfern halfen.

Camille [ka'mij]: französische Form von ▸ Camilla.

Candida: weibl. Form von Candidus: zu lat. candidus, -a, -um »blendend weiß; fleckenlos; heiter; rein, lauter, ehrlich«.

Cara, (auch:) Kara: weibl. Form von Caro: italienischer Ursprung, kommt zwar in Italien seit dem Spätmittelalter vereinzelt vor, vermutlich jedoch eher Neubildung zu italien. caro, -a »lieb, teuer«.

Caren: ▸ Karen.

Carena: ▸ Karena.

Carima: ▸ Karima.

Carin: ▸ Karin.

Carina: Schreibvariante von ▸ Karina. Dies gilt z.T. auch für den italienischen Vornamen Carina, der sonst auch auf die weibl. Form des römischen Beinamens Carinus, eine Ableitung von Carus (lat. cārus »lieb, wert, geschätzt«), zurückgehen kann.

Carine: ▸ Karina.

Carla: latinisierende Schreibung von ▸ Karla, auch italienisch, spanisch und katalanisch.

Carleen, (auch:) Carlin: englische Weiterbildung von ▸ Carla.

Carlina, (auch:) Carline: ▸ Karlina.

Carlota: spanische Form von ▸ Charlotte.

Carlotta: italienische Form von ▸ Charlotte.

Carmela: aus dem Spanischen oder Italienischen, Nebenform von ▸ Carmen; geht zurück auf die lateinische Bezeichnung des Berges Karmel, Mōns Carmēlus.

Carmen: aus dem Spanischen, bezieht sich auf die Virgen del Carmen (die »Jungfrau [Maria] vom Berge Karmel«) und ist unter dem Einfluss von lat. carmen »Gedicht, Gesang« entstanden.

Carmina: Koseform von ▸ Carmen.

Caro: Kurzform von ▸ Carola, ▸ Carolina, auch niederländisch.

Carol ['kærəl]: englische Kurzform von ▸ Caroline.

Carola, (auch:) Karola: weibl. Form von Carolus, auch Karolus: latinisierte Formen von Karl (▸ Karla).

Carolin, (auch:) Carolin; Karolin; Karolin: Verkürzung von ▸ Carolina und ▸ Caroline.

Carolina, (auch:) Karolina: Weiterbildung von ▸ Carola.

Caroline: ▸ Karoline.

Carolyn ['kærəlɪn]: aus dem Englischen, moderne Nebenform von ▸ Caroline.

Carrie, (auch:) Carry ['kærɪ]: englische Koseform von ▸ Carol oder ▸ Caroline.

Cassandra: ▸ Kassandra.

Cassie, (auch:) Cassy ['kæsɪ]: englische Koseform von ▸ Kassandra.

Cassiopeia: nach einer Gestalt aus der griechischen Mythologie, auch Name eines Sternbildes.

Catalina: spanische Form von ▸ Katharina.

Catarina: ▸ Katharina.

Caterina: italienische Form von ▸ Katharina.

Catharina: ▸ Katharina.

[1]**Catherine,** (auch:) Cathérine: französische Form von ▸ Katharina.

[2]**Catherine** ['kæθərɪn]: englische Form von ▸ Katharina.

Cathleen, (auch:) Kathleen ['kæθli:n]: englische Form des irischen Vornamens ▸ Caitlín.

Cathrin: Schreibvariante von ▸ Kathrin.

Cathrina: ▸ Kathrina.

Cathy ['kæθɪ]: englische Koseform von ▸ Katharina.

Catrice, (auch:) Katrice [ka'trɪs]: vermutlich Neubildung zu ▸ Katharina in Anlehnung an Namen auf »-ice« wie französ. Alice u. a.

Catrin: ▸ Kathrin.

Catrina: ▸ Kathrina.

Die schönsten nordischen Mädchennamen

Dana • Elga • Ellida • Freydis • Gundis • Hedda • Hjördis • Jorid • Sirid • Siv • Solveig • Svende • Thyra • Tora

Cay: ▸ Kai.
Caya: ▸ Kaya.
Cécile: französische Form von ▸ Cäcilie.
¹Cecilia, (auch:) Cecilie: Nebenform von ▸ Cäcilie.
²Cecilia [tʃeˈtʃiːli̯a]: italienische Form von ▸ Cäcilie.
Celeste: zu lat. caelestis »himmlisch«.
Celia: lateinischer Ursprung, weibl. Form des römischen Geschlechternamens Caelius, vielleicht zu lat. caelum »Himmel«, heute aber als Kurzform von ▸ Cäcilie aufgefasst.
Celina, (auch:) Celine; Celin: deutsche Varianten des französischen Vornamens ▸ Céline.
Céline: französische Form des römischen Frauennamens Caelina, einer Ableitung von Caelia (▸ Celia), oder Kurzform von ▸ Marceline.
Ceyhan [dʒeɪˈhɑn]: zu türk. ceyhan »Gazelle«.
Chantal [ʃãˈtal]: aus dem Französischen, geht zurück auf den Nachnamen der französischen Heiligen Jeanne Françoise Frémyot de Chantal.
Charleen, (auch:) Charlene [ˈtʃɑːˈliːn]: englische Herkunft, weibl. Bildung zu Charles, der englischen (und französischen) Form zu Karl (▸ Karla).
Charlie, (auch:) Charley [ˈtʃɑːlɪ]: englische Koseform von ▸ Charlotte.
Charline [ʃarˈlin]: französische weibl. Form von Charles, der französischen (und englischen) Form von Karl (▸ Karla)
Charlotte: aus dem Französischen, weibl. Form von Charles, der französischen (und englischen) Form von Karl (▸ Karla).
Chelsea [ˈtʃɛlsɪ]: aus dem Englischen, geht zurück auf den Namen eines Londoner Stadtteils.
Cher [(t)ʃɛr]: Kurzform von ▸ Cheryl.
Chérie [ʃeˈri]: vereinzelt vorkommender Vorn. zu französ. chérie »Liebling«. Dieser Vorname ist in Frankreich nicht üblich, begegnet aber im Englischen in der Schreibweise »Cherie«.
Cherry [ˈtʃɛrɪ]: englische Herkunft, war früher als Koseform von Charity in Gebrauch, wird heute aber als englische Schreibweise von ▸ Chérie angesehen. Gelegentlich geht die Vergabe dieses Vornamens auch auf engl. cherry »Kirsche« zurück.

Cheryl [ˈtʃɛrɪl]: aus dem Englischen, entstand aus ▸Cherry unter dem Einfluss von ▸Beryl.

Cheyenne, (auch:) Chayenne [ʃaɪˈæn]: aus dem Angloamerikanischen, geht zurück auf den Namen eines zum Verband der Algonkin gehörenden Indianerstammes.

Chiara: italienische Form von ▸Clara.

Chlo̲e: zu griech. chlóē »junges Grün; junger Trieb; junges Mädchen«. In der griechischen Mythologie ist Chloe der Beiname der Erd- und Muttergöttin Demeter.

Chrịs, (auch:) Krịs; Crịs: aus dem Englischen, Kurzform von ▸Christine.

Chrịsta, (auch:) Crịsta; Krịsta: Kurzform von ▸Christiane.

Chrịstel, (oberdeutsch auch:) Chrịstl: Koseform von ▸Christiane oder deren Kurzform ▸Christa.

Christẹlle: französische Umwandlung von ▸Christine mit der Endung »-elle«.

Christia̲ne, (auch:) Christia̲na; Kristia̲ne: weibl. Form von Christian, auch Kristian: lat. Chrīstiānus »zu Christus gehörend, Anhänger Christi, Christ«.

Chrịstin, (auch:) Crịstin; Krịstin: Nebenform von ▸Christine.

Christi̲ne, (auch:) Christi̲na: Nebenform von ▸Christiane.

Chrịstl: ▸Christel.

Cịlla: ▸Zilla.

Cịlli, (auch:) Cịlly; Zịlli: Kurzform von ▸Cäcilia.

Cinderẹlla [s...]: zu engl. cinders »Asche«, nach der bekannten Märchenfigur; Cinderella ist die englische Bezeichnung für »Aschenputtel«.

Cịndy, (auch:) Sịndy [s...]: englische Kurzform von Namen wie Lucinda (▸Lucinde), ▸Cynthia und ▸Cinderella.

Cintia [ˈθintia̯]: spanische Form von ▸Cynthia.

Claire [ˈklɛːrə]: französische Form von ▸Clara.

Cla̲ra, (auch:) Kla̲ra: zu lat. clārus, -a, -um »hell, leuchtend, klar, deutlich, berühmt«.

Clarịssa, (auch:) Klarịssa: geht zurück auf eine mittellateinische Ableitung von ▸Clara.

Clarịsse: Nebenform von ▸Clarissa, auch französisch.

Claude [kloːd]: französische Form von ▸Claudia.

Cla̲u̲dia, (auch:) Kla̲u̲dia: weibl. Form von Claudius, auch Klaudius: geht zurück auf einen römischen Geschlechternamen, Herkunft und Bedeutung unbekannt.

Claudina: italienische Koseform von ▸ Claudia.

Claudine [klo'din]: französische Koseform von ▸ Claudia.

Clea: latinisierte Form von griech. kléō »ich rühme«.

Clementine, (auch:) Clementina; Klementina; Klementine: weibl. Form von Clemens, auch Klemens, Clement: zu lat. clēmēns »mild, gnädig«.

Cleo: verselbstständigte Kurzform von mit griech. kléō »ich rühme« zusammengesetzten Namen, z. B. ▸ Cleopatra; auch Variante von ▸ Clio.

Cleopatra: lateinische Form des griechischen Namens Kleopátra, zu griech. kléō »ich rühme« und griech. patḗr »Vater«.

Clio: geht zurück auf den Namen der Muse der Geschichte, zu griech. kleíō, kléō »ich rühme, preise, verkünde«; auch Variante von ▸ Cleo.

Coco: französische Lallform zu verschiedenen Vornamen.

Coletta: italienische Kurzform von ▸ Nicoletta.

Colette: französische Kurzform von ▸ Nicolette.

Colleen [...'li:n]: zu irisch-englisch colleen, gäl. cailín »Mädchen«. Dieser Vorname ist besonders in den USA und Australien verbreitet, wird aber in Irland nicht als Vorname gebraucht.

Concetta [...'tʃɛta]: italienischer Ursprung, zu lat. concepta, Partizip von concipere »empfangen«. Der Name bezieht sich auf das Fest von der Unbefleckten Empfängnis Marias.

Conchita [...'tʃita]: Koseform des spanischen Vornamens Concepción (▸ Concetta).

Connie, (auch:) Conny: Koseform von ▸ Cornelia, auch englische Koseform von ▸ Constance.

Conny: ▸ Connie.

Constance ['kɔnstəns], [kõstã:s]: englische und französische Form von ▸ Constanze.

Constanze, (auch:) Konstanze: zu lat. cōnstantia »Beständigkeit, Festigkeit«.

¹Cora, (auch:) Kora: Kurzform von ▸ Cordula, ▸ Cordelia oder ▸ Cornelia.

²Cora: ▸ ²Kora.

Coral ['kɔrəl]: zu engl. coral »Koralle«.

Coralie: im Englischen oder Französischen entstanden, zu lat. corallium, engl. coral, französ. (älter) coral »Koralle«, gelegentlich auch als Erweiterung von ▸ [2]Cora aufgefasst.

Cordelia, (auch:) Kordelia: geht zurück auf die Gestalt der Cordelia in Shakespeares Drama »König Lear«. Der Name von König Lears tugendhafter Tochter hieß in seinen Quellen Cordeilla, Cordila, Cordilla, sodass es sich wohl um eine bereits in der Antike belegte Nebenform von ▸ Cordula handelt.

Cordula, (auch:) Kordula: wahrscheinlich zu lat. cordus »spät geboren, spät entwickelt«, später mit lat. cor, cordis »Herz« in Verbindung gebracht; »Herzchen«.

[1]Corinna, (auch:) Corina; Corine; Korina; Korinna: Weiterbildung von ▸ [1]Cora.

[2]Corinna: ▸ [2]Korinna.

Corinne: französische Form von ▸ [2]Korinna.

Cornelia, (auch:) Cornelie; Kornelia: weibl. Form von Cornelius, auch Kornelius: lateinischer Ursprung, geht zurück auf einen altrömischen Geschlechternamen.

Corona: zu lat. corōna »Kranz, Krone«.

Cosima, (auch:) Cosma: weibl. Form von Cosimo, auch Cosmo: italienische Formen von Kosmas (zu griech. kósmios »geschmückt, wohlgeordnet, bedacht«).

Cosmea: nach einer Blumenbezeichnung zu griech. kósmos »Anordnung, Ordnung, Schmuck« (dt. »Schmuckkörbchen«).

Crescentia, (auch:) Kreszentia; Creszenz; Kreszenz: zu lat. crēscēns »wachsend, gedeihend«.

Cris: ▸ Chris.

Crista: ▸ Christa.

Cristin: ▸ Christin.

Cristina: italienische und spanische Form von ▸ Christine.

Die schönsten polnischen Mädchennamen

Anka • Bronja • Dorota • Hania • Hanka • Irka • Janka • Lenka • Pola • Salka • Valeska

Cỵnthia: griechischer Ursprung, Bedeutung »die vom Berge Kynthos auf der Insel Delos Stammende«, Beiname der Göttin Artemis. Nach der griechischen Sage wurden Apollo und Artemis auf dem Berg Kynthos geboren.

D

Dạfne: ▸ Daphne.

Dạgmar: aus dem Dänischen, ursprünglich kein germanischer Name, sondern eine Entstellung des alttschechischen Namens Drạhomíra. Der Name kam durch die böhmische Königstochter Dragomira Margareta, die König Waldemar II. heiratete, nach Dänemark. Dort wurde Dragomira als Dagmar (wie altsächs. dag »Tag« + māri »berühmt«) aufgefasst.

Da̲hlia, (auch:) Da̲lia: nach der Blume, die nach dem schwedischen Botaniker A. Dahl benannt wurde.

Daisy [ˈde:zi]: aus dem Englischen, zu engl. daisy »Maßliebchen, Gänseblümchen«, aus altengl. dæges ēage »des Tages Auge«.

[1]**Da̲lia:** ▸ Dahlia.

[2]**Da̲lia,** (auch:) Da̲liah: wahrscheinlich eine Kurzform des biblischen Namens Gedalja (hebr. »Gott hat Großes getan«), der als weibl. Vorn. umgedeutet wurde.

Damia̲na: weibl. Form von Damian: zu griech. damázein »bezwingen«.

[1]**Da̲na:** weibl. Form von Dan: aus der Bibel, hebräischer Ursprung, Bedeutung »Er [Gott] hat gerichtet«. Nach dem Alten Testament war Dan, ein Sohn Jakobs, der Ahnherr einer der zwölf Stämme Israels.

[2]**Da̲na:** polnische, tschechische, bulgarische oder rumänische Herkunft, Kurzform von Namen wie ▸ Daniela, ▸ Danuta, ▸ Bogdana, ▸ Bohdana.

[3]**Da̲na:** zu altnord. Dana »Dänin«.

Danẹlla, engl. Aussprache: [dəˈnelə]: aus dem Englischen, weibliche Bildung zu Daniel (▸ Daniela) mit der italienischen Koseendung »-ella«.

Da̲nia, (auch:) Da̲nja: Kurzform von slawischen Namen, die mit »Dan-« beginnen (z. B. russ. Daniila, tschech. Daniela) oder auf »-dana« ausgehen (z. B. russ. Bogdana, tschech. Bohdana).

Daniela: weibl. Form von Daniel: aus der Bibel, Herkunft unsicher, zu hebr. din'ēl »Gott richtet« oder akkad. danānu-ēl »Gott ist mächtig«.

Daniele: Nebenform von ▸ Daniela.

Daniella: aus dem Italienischen, weibl. Form des männl. Vornamens Daniele, der italienischen Form von Daniel (▸ Daniela).

Danielle, (auch:) Danièle: aus dem Französischen, weibl. Form von Daniel (▸ Daniela).

Danika: serbische oder kroatische Koseform von ▸ Daniela.

Danila: weibl. Form von Danilo, der serbischen, kroatischen, bulgarischen, makedonischen Form von Daniel (▸ Daniela).

Danja: ▸ Dania.

Danuta: aus dem Polnischen, litauische Herkunft. Der Vorname hängt möglicherweise mit dem litauischen Namen Danejko zusammen, der vielleicht von Daniil, der russischen Form von Daniel (▸ Daniela), abgeleitet ist.

Daphne, (auch:) Daphna; Dafne: zu griech. dáphnē »Lorbeer; Lorbeerbaum«. Der Name geht zurück auf eine griechische Sagengestalt. Nach der griechischen Sage war Daphne eine Nymphe, die, von Apollo begehrt und verfolgt, auf ihre Bitte hin in einen Lorbeerbaum verwandelt wurde.

Daria, (auch:) Daria; Darya: weibl. Form von lateinisch Darius oder italienisch Dario: persischer Ursprung, geht zurück auf den Thronnamen dreier Perserkönige. Altpersisch Dārayavauš »das Gute festhaltend, Inhaber des Guten« ergibt griech. Dareĩos, lat. Dārīus. Auch Schreibvariante von ▸ Darja.

Darina: Ableitung von russisch bzw. bulgarisch Darija (▸ Darja) oder von italienisch ▸ Daria.

Die schönsten russischen Mädchennamen

Alena • Anjuta • Benja • Dunja • Fenja • Irina • Jelena • Kalinka • Lara • Maruschka • Natalja • Natanja • Oxana • Swetlana • Veruschka

Dạrja: slawische Herkunft (russisch, bulgarisch, serbisch, kroatisch Darija, slowenisch Darja), weibl. Form von Darius (▸ Daria).

Davi̱da: weibl. Form von David: aus der Bibel, vermutlich hebräischer Ursprung, Bedeutung wahrscheinlich »Liebling«, vielleicht aber auch »Vatersbruder« oder aber ein Thronname.

Davi̱na, (auch:) Davi̱nia: englische, besonders schottische Form von ▸ Davida.

Davi̱ta: niederländische weibl. Bildung zu David (▸ Davida).

Deanna, (auch:) Deana [dɪˈænə]: aus dem Englischen, ursprünglich eine Schreibvariante von ▸ Diana, jetzt auch aufgefasst als weibliche Form von Dean [di:n]: zu mittelengl. deen aus lat. decānus »Vorsteher eines Kathedralkapitels« oder altengl. denu »Tal«.

Dẹbbie, (auch:) Dẹbby: englische Koseform von ▸ Debora.

Debo̱ra: aus der Bibel, zu hebr. debōrā »Biene«. Nach der Bibel war Debora eine Richterin und Prophetin in Israel.

Dẹlia: griechischer Ursprung, Bedeutung »die von der Insel Delos Stammende«, Beiname der Göttin Artemis. Nach der griechischen Sage wurden Apollo und Artemis auf dem Berg Kynthos auf der Insel Delos geboren.

Dẹmi: Kurzform von Demetria, der weibl. Form von Demetrius (griech. Dēmḗtrios »der Fruchtbarkeitsgöttin Demeter zugehörig«).

Deni̱s: der Aussprache angepasste Schreibweise von französisch ▸ Denise.

Deni̱se: aus dem Französischen, weibl. Form von Denis [dəˈnɪ], der französischen Form von Dionys[ius] (▸ Dionysia).

Desdemo̱na, (auch:) Desde̱mona: Neubildung nach griech. dysdaímōn »unglücklich«.

Désire̱e̱, (eindeutschend auch:) Desire̱e̱: aus dem Französischen, zu lat. desiderata »die Erwünschte, Ersehnte«.

Despi̱na: zu griech. déspoina »Herrin, Gebieterin«.

Dia̱na, (auch:) Dia̱ne: aus dem Lateinischen. Diana war der Name der römischen Natur-, Jagd- und Mondgöttin.

Diạndra: vermutlich angloamerikanische Neubildung aus ▸ Diana und ▸ Alexandra.

Diạnna, (auch:) Diạnne: aus dem Englischen, unter dem Einfluss von ▸Anna entstandene Varianten von ▸Diana bzw. Diane.

[1]**Dina:** hebräischer Ursprung, Bedeutung nicht sicher geklärt; evtl. »Rechtsstreit« oder »eine, der zum Recht verholfen worden ist«.

[2]**Dina,** (auch:) Dine: Kurzform von Namen, die auf »-dina«, »-dine« ausgehen (z. B. Bernhardine, ▸Leopoldine).

Dinah [ˈdaɪ...]: englische Form von ▸[1]Dina.

Dionysia: weibl. Form von Dionysius: zu griech. Dionýsios »der dem Gott Dionysos Geweihte«.

Djamila [dʒaˈmiːla]: weibl. Form von Djamil [dʒaˈmiːl]: zu arab. djamīl »schön, hübsch«.

Dolores: aus dem Spanischen, gekürzt aus Nuestra Señora de los Dolores, einem Beinamen Marias (= lat. Mater dolorosa »schmerzensreiche Mutter«).

Domenica: italienische Form von Dominika.

Domenika: deutsche Schreibweise für ▸Domenica.

Dominica: weibl. Form von Dominicus (▸Dominika).

Dominika: weibl. Form von Dominikus: zu lat. dominicus »zum Herrn gehörend«.

Dominique: französische Form von ▸Dominika.

Donata, (auch:) Donate: weibl. Form von Donatus: zu lat. dōnāre »schenken«, Bedeutung »der [Gott oder von Gott] Geschenkte«.

Donna: aus dem Englischen, Neuprägung zu italien. donna »Frau«, zum Teil auch aufgefasst als weibliche Form von Donald: aus dem Englischen, zu kelt. *dubno »Welt« + *walos »mächtig«.

Dora, (auch:) Dore: Kurzform von ▸Dorothea oder ▸Theodora.

Dore: ▸Dora.

Doreen: aus dem Englischen, mit der ursprünglich irischen Endung »-een« geprägte Erweiterung von ▸Dora.

Dorena, (auch:) Dorene: Nebenform von ▸Doreen.

Doria: weibl. Form von Dorian [ˈdɔːrɪən] (▸Doriana) oder Erweiterung von ▸Dora.

Doriana: weibl. Form von Dorian [ˈdɔːrɪən]: aus dem Englischen, vermutlich von Oscar Wilde für die Hauptperson seines Romans »Das Bildnis des Dorian Gray« geschaffen, vielleicht Ableitung von engl. the Dorian »der Dorier«.

Dorina: Weiterbildung von ▸ Dora, auch italienisch.
Dorine: französische Erweiterung von ▸ Dora.
Doris: aus der griechischen Mythologie. Doris war die Tochter des Okeanos und der Tethys, die Gemahlin des Nereus, Mutter der fünfzig Nereiden. Früher wurde Doris gelegentlich auch als Kurzform von ▸ Dorothea verwandt.
Dorit: Kurzform von ▸ Dorothea.
Dorita: spanische Koseform von ▸ Dora oder Erweiterung von ▸ Dorit.
Dorle: Koseform von ▸ Dora.
Dorota: polnische Form von ▸ Dorothea.
Dorothea, (auch:) Dorothee; Dorothee: zu griech. Dorothéa, zu dṓron »Geschenk, Gabe« und theós »Gott«, etwa »Gottesgeschenk«.
Dorothy [ˈdɔrəθɪ]: englische Form von ▸ Dorothea.
Dorte, (auch:) Dörte; Dorthe; Dörthe: niederdeutsche Koseform von ▸ Dorothea.
[1]**Dunja,** (auch:) Dunia: russische Koseform von Avdotʹja, mundartliche Nebenform von Jevdokija (griech. eudokía »Wohlgefallen, Wunsch«). Im Serbischen und Kroatischen geht der Name auf die Bezeichnung für eine Frucht (»Quitte«) zurück.
[2]**Dunja:** zu arab. dunyāʼ »Welt«.

E

Edda, (auch:) Eda: Kurzform von Namen, die mit »Ed-« oder »Edel-« gebildet sind (z. B. ▸ Edith, Edeltraud), auch italienische Form von ▸ Hedda.
Edit: Schreibvariante von ▸ Edith, auch ungarisch und nordisch.
Edita: ▸ Editha.
Edith: zu altengl. ēad »Erbgut, Besitz« + altengl. gȳð »Kampf«.
Editha: latinisierte Form von ▸ Edith.
Effi: Koseform von ▸ Elfriede.
Eika: ▸ Eike.
Eike, (auch): Aike; Eika: identisch mit dem männl. Vornamen Eike, auch Aike: niederdeutsche Kurzform von Namen, die

mit »Ecke-« oder »Eg-« gebildet sind (zu ahd. ekka »[Schwert]schneide, Spitze«), z. B. Eckehard.

Eila: verselbstständigte Kurzform von Namen, die mit »Eil-« (jüngere Form von »Agil-«, zu german. *agi- »Schrecken«, später überlagert von ahd. ekka »[Schwert]schneide, Spitze«) gebildet wurden.

Eileen, (auch:) Aileen; Ayleen; Eyleen [ˈaɪliːn]: englische Form des irischen Namens Eibhlín oder Aibhilín, der auf den altfranzösisch-normannischen Namen Aveline (▸ Ava) zurückgeht. Häufig wird Eileen als eine irische Entsprechung von Helen (▸ Helene) aufgefasst.

Ela: Kurzform von Namen, die mit »El-« beginnen, besonders von ▸ Elisabeth, auch Kurzform von ▸ Manuela, ▸ Daniela.

Elaine [ɪˈleɪn]: aus dem Englischen, geht zurück auf eine altfranzösische Nebenform von Hélène (▸ Helene).

Elea: Erweiterung von ▸ Ela oder verkürzte Form von ▸ Eleanor, ▸ Eleanore.

Eleana: englische Neubildung, Mischform aus ▸ Eleanor und ▸ Elena oder Erweiterung von ▸ Elea.

Eleanor, (auch:) Eleanora: englische Formen von ▸ Eleonore.

Eleanore: Eindeutschung von engl. Eleanora, ▸ Eleonore.

Elektra, (auch:) Electra: aus der griechischen Mythologie, zu griech. ēlektron »Bernstein«, aber auch Bezeichnung für eine »Legierung aus vier Teilen Gold und einem Teil Silber«, abgeleitet von griech. ēlektor »glänzend«.

Elena: italienische und spanische Form von ▸ Helene.

Eléni: neugriechische Form von ▸ Helena.

Eleonora: Variante von ▸ Eleonore, auch italienisch.

Eleonore: altprovenzalische Herkunft (Aliénor), Etymologie ungesichert, der erste Namenbestandteil gehört wohl zu german. *alja- »anders, fremd«. In Deutschland begegnet der Name vor allem in der Form ▸ Leonore.

Elfi, (auch:) Elfie: Koseform von ▸ Elfriede.

Elfriede, (auch:) Elfrieda; Elfrida: deutsche Form des englischen Vornamens Elfreda (altengl. ælf »Elf, Naturgeist« + altengl. þrȳð »Kraft, Stärke«).

Elga: nordische und italienische Form von ▸ Helga.

Eli: Kurzform von ▸ Elisabeth.

Eliana: italienische und spanische Form von ▸ Eliane.

Eliane: weibliche Form von Elian: aus dem Französischen, geht zurück auf den Beinamen Aelianus, eine Ableitung des römischen Geschlechternamens Aelius.

Elida: Schreibvariante von ▸ Ellida.

Elif: türkischer Ursprung, zu arab. alīf, dem ersten Buchstaben des arabischen Alphabets.

Elin: nordische Form von ▸ Helene.

Elina: nordische Form von ▸ Helene, auch englische Kurzform von ▸ Elinor.

Elinor: englische Form von ▸ Eleonore.

Elisa, (auch:) Elise: Kurzform von ▸ Elisabeth.

Elisabet: ▸ Elisabeth.

Elisabeta: Schreibvariante von ▸ Elisabetha, auch rumänisch.

Elisabeth, (überkonfessionelle Form:) Elisabet: aus der Bibel, griech. Form des hebr. Namens Elischeba, Bedeutung »Gott ist Fülle, Vollkommenheit«. In der Bibel ist Elisabeth die Mutter Johannes' des Täufers.

Elisabetha, (auch:) Elisabeta: Weiterbildung von ▸ Elisabeth.

Elisabetta: italienische Form von ▸ Elisabeth.

Elise: ▸ Elisa.

Eliza [ɪˈlaɪzə]: englische Kurzform von Elizabeth (▸ Elisabeth).

Elizabeth [ɪˈlɪzəbəθ]: englische Form von ▸ Elisabeth.

Elke, (auch:) Elka: verselbstständigte niederdeutsch-friesische Koseform von ▸ Adelheid.

Ella: Kurzform von ▸ Elisabeth, ▸ Elfriede oder ▸ Eleonore, auch von italienischen Vornamen auf »-ella« (z. B. ▸ Graziella, ▸ Gabriella).

Ellen: englische Variante von ▸ Helen, auch dänische Form von ▸ Helene.

Elli, (auch:) Elly: Koseform von ▸ Elisabeth.

Ellida, (auch:) Elida: abgeleitet von dem altisländischen Schiffsnamen Ellídi »Schnellsegler«, seit 1842 in der Form Ellida als nordischer weibl. Vorname in Gebrauch.

Ellie: englische Herkunft, Koseform von Namen, die mit »El-« beginnen, vor allem von ▸ Eleanor.

Ellinor: Nebenform von ▸ Elinor.

Ellis: Kurzform von ▸ Elisabeth, möglicherweise auch Schreibvariante von engl. Ellice, einer Nebenform von ▸ Alice, oder identisch mit dem männl. Vornamen Ellis: aus dem Englischen, nach dem gleichlautenden Familiennamen, der wiederum auf eine im Mittelalter geläufige Form von Elias (▸ Iljana) zurückgeht.

Ẹlly: ▸ Elli.

Ẹlma: Kurzform von Namen, die auf »-elma« ausgehen (z. B. ▸ Wilhelma), Doppelform aus ▸ Elisabeth und ▸ Maria oder Variante von ▸ ²Alma.

Élodie: aus dem Französischen, germanischer Ursprung, zu ahd. al »ganz, vollständig« + ahd. ōt »Besitz, Reichtum«, vgl. ahd. alōd »Allod, freier Besitz«.

Eloisa: italienische Form von Eloïse.

Eloïse [elɔˈiz]: französ. Nebenform von Heloïse (▸ Heloise).

Ẹlsa: Kurzform von ▸ Elisabeth. Der Name ist bekannt durch die Elsa von Brabant aus der Lohengrinsage und aus Richard Wagners Oper »Lohengrin« (1850).

Ẹlsbeth: Kurzform von ▸ Elisabeth.

Ẹlse: Kurzform von ▸ Elisabeth.

Ẹlsi: Koseform von ▸ Elisabeth.

Ẹlsie, (auch:) Ẹlsy: englische Koseform von Elizabeth (▸ Elisabeth).

Ẹlvi: Kurzform von ▸ Elvira.

Elvira, (auch:) Elvire; Elwira: aus dem Spanischen, westgotische Herkunft, zu got. *gails, vgl. gailjan »erfreuen«, oder *gails »Speer« + wērs »wahr« oder -uara »der [Ab]wehrende, Verteidiger«.

Emanuẹla: weibl. Form von Emanuel, einer Nebenform von Immanuel: aus der Bibel, zu hebr. ʻimmānūʼēl »mit uns [ist] Gott«, wohl ein Heilsruf des Tempelkultes; unter diesem Namen kündigt der Prophet Jesaja nach neutestamentlichem Verständnis den Messias an.

Ẹmelie: Variante von ▸ Amelie oder Eindeutschung von Emely (▸ Emily).

Die schönsten spanischen Mädchennamen

Alicia • Carmen • Elvira • Elena • Ines • Isabel • Juana • Maite • Margarita • Maribel • Paloma • Pilar • Violeta

Emeline: geht zurück auf eine Erweiterung von ▸ Amalie.
Emely: englische Variante von ▸ Emily.
Emilia: Variante von ▸ Emilie, auch spanisch und italienisch.
Emilie: weibl. Form von Emil: aus dem Französischen, geht zurück auf lat. Aemilius, einen altrömischen Geschlechternamen.
Émilie [emiˈli]: französische Form von ▸ Emilie.
Emily: englische Form von ▸ Emilie.
Emine: türkische Form von ▸ ¹Amina.
Emma: alter deutscher Vorname, verselbstständigte Kurzform von Namen, die mit »Erm(en)-«, »Irm(in)-« (german. *ermana, *irmina »allumfassend, groß«, später Namenglied mit verstärkender Bedeutung) gebildet wurden.
Emmanuelle [ɛmaˈnɥɛl]: aus dem Französischen, weibl. Form von Emmanuel, einer Nebenform von Emanuel (▸ Emanuela).
Emmelie, (auch:) Emmely: deutsche und niederländische Neubildungen zu ▸ Emma und ▸ Emily.
Emmi: Koseform von ▸ Emma.
Emmy: Schreibvariante von ▸ Emmi, auch englische Koseform von ▸ Emma, ▸ Emily.
Enja: russische Herkunft, Ableitung von Enej, dies zu Aeneas: aus der antiken Mythologie, griech. Aineías, lat. Aenēās; unbekannter Ursprung, bereits in der Antike volksetymologisch an griech. ainéein »loben, preisen« sowie an griech. ainós »schrecklich, gefürchtet« angelehnt.
Enya: englische Nebenform des irischen Vornamens Eithne (vgl. Edna) oder Schreibvariante von ▸ Enja.
Erica: ▸ Erika.
Erika, (auch:) Erica: weibl. Form von Erich, der hochdeutschen Form des nordischen und niederdeutsch-friesischen Vornamens Erik: dänische/schwedische Herkunft, zu altnord. Eiríkr aus german. *aina »ein, allein« + altnord. ríkr »mächtig; Herrscher«, oder niederdeutsch-friesische Herkunft, zu altsächs. ēra »Ehre« oder altsächs. ēwa »Gesetz« + altsächs. rīki »mächtig; Herrscher«. Die weibl. Form vermengte sich mit dem Vornamen Erika (eigentlich »Heidekraut«, aus griech. ereíkē, lat. erīcē).
Erin [ˈeɪrən]: identisch mit dem männl. Vornamen Erin, der englischen Form von gäl. Éirinn, Dativ von Éire »Irland«.

Ermelind, (auch:) Ermelinda: alter deutscher Vorname, zu german. *ermana, *irmina »allumfassend, groß«, später Namenglied mit verstärkender Bedeutung + ahd. lind »sanft, weich, mild«, auch beeinflusst durch ahd. linta »Linde, Schild aus Lindenholz«.

Erminia: weibl. Bildung zu Ermin: verselbstständigte Kurzform von Namen, die mit »Ermen-« (german. *ermana, *irmina »allumfassend, groß«, später Namenglied mit verstärkender Bedeutung) gebildet wurden. Nach einer weibl. Gestalt aus Torquato Tassos Epos »Das befreite Jerusalem«.

Erna: Kurzform von ▸ Ernesta, ▸ Ernestina.

Ernesta: weibl. Form von Ernestus, einer Latinisierung von Ernst: alter deutscher Vorname, zu ahd. ernust »Ernst, Eifer; Kampf, Sorge«.

Ernestine, (auch:) Ernestina: weibl. Form von Ernst (▸ Ernesta) mit der Endung »-ine/-ina«.

Esmeralda: zu span. esmeralda »Smaragd«.

Esperanza: zu span. esperanza »Hoffnung«.

Esra: aus dem Türkischen, zu arab. asra' »schneller«.

Estella: Latinisierung von französisch ▸ Estelle.

Estelle: zu altfranzös. estoile »Stern«.

Esther, (auch:) Ester: aus der Bibel, Herkunft unsicher, zu altpersisch *star(eh) »Stern« oder zur babylonischen Göttin Ishtar. Nach der Bibel war Esther die Frau des persischen Königs Ahaschwerosch (Xerxes I.). Sie vereitelte die Ausrottung der Juden in Persien.

Estrella [es'trelja]: zu span. estrella »Stern«.

Eugenie, (auch:) Eugenia: zu griech. eugenḗs »wohlgeboren, von edler Abkunft, edel«.

Eugénie [øʒe'ni]: französische Form von ▸ Eugenie.

Eulalia, (auch:) Eulalie: zu griech. eúlalos »wohlredend, beredt«.

Die schönsten türkischen Mädchennamen

Ayla • Ceyhan • Elif • Gülay • Lale • Meral • Meryem • Nurgül • Pelin • Rahime • Selin • Sema • Sevil • Yasemin

Eunike: zu griech. eū »wohl, gut, schön, reich« + griech. níkē »Sieg«.

Eva, (auch:) Eve: aus der Bibel, Herkunft und Bedeutung nicht sicher geklärt, in der Bibel zu hebr. chajjah »lebendig« gestellt, denn Eva ist die Mutter aller Lebenden, evtl. gehört er aber auch zu aram. chewyā »Schlange«.

Evamaria, (auch:) Evamarie: Doppelform aus ▸ Eva und ▸ Maria.

[1]Eve: Nebenform von ▸ Eva.

[2]Eve: [i:v]: englische Form von ▸ Eva.

Evelin: eindeutschende Schreibung von ▸ Evelyn.

Evelina, (auch:) Eveline: aus dem Englischen, geht zurück auf den altfranzösisch-normannischen Namen Aveline (▸ Ava).

Evelyn, (auch:) Evelyn: aus dem Englischen, geht zurück auf den gleichlautenden Familiennamen, der sich wiederum von dem Namen Aveline (▸ Evelina) ableitet.

Evelyne: Nebenform von ▸ Evelyn.

Evi: Koseform von ▸ Eva.

Evita: spanische Koseform von ▸ Eva.

Ewa: polnische Form von ▸ Eva.

Eyla: ▸ Eila.

Eyleen: ▸ Eileen.

F

Fabia: weibl. Form von Fabius: lateinischer Ursprung, geht zurück auf einen altrömischen Geschlechternamen, vielleicht zu lat. *fabis »edel«.

Fabiane, (auch:) Fabiana: weibl. Form von Fabian: lateinischer Ursprung, geht zurück auf einen mit der Endung »-ānus« zu dem römischen Geschlechternamen Fabius (vielleicht zu lat. *fabis »edel«) gebildeten Beinamen.

Fabienne: französische Form von ▸ Fabiane.

Fabrizia: weibl. Form von Fabrizio: aus dem Italienischen, geht zurück auf den altrömischen Geschlechternamen Fabricius.

Fadila: zu arab. fadīla »moralische Vortrefflichkeit, Tugend«.

Fanni: eindeutschende Schreibweise von ▸ Fanny.

Fanny: aus dem Englischen, Koseform von Frances, der englischen Form von ▸ Franziska, wird in Frankreich häufig, in

Deutschland nur gelegentlich als Kurzform von ▸ Stephanie gebraucht.

Farida: weibl. Form von Farid: zu arab. farīd »einzigartig, unvergleichlich« zu arab. farada »einzigartig/einmalig sein«. Im Arabischen ist farīda auch eine Bezeichnung für »Edelstein«.

Farin: persische Herkunft, Bedeutung »die Beste«.

Fatima, (auch:) Fatma: zu arab. fātima »die Abstillende«. Die durch Zusammenziehung entstandene Form Fatma ist vor allem türkisch. Fatima hieß die jüngste Tochter Mohammeds.

Fatin: zu arab. fātin »bezaubernd, verführerisch«..

Faustina, (auch:) Faustine: weibl. Form von Faustin, zu lat. Faustinus, eine Ableitung von Faustus: lateinischer Ursprung, geht zurück auf einen römischen Beinamen, lat. faustus »günstig, beglückend, Glück bringend«.

Faye, (auch:) Fay [feɪ]: aus dem Englischen, zugrunde liegt entweder eine Umbildung von faith »Glaube« oder fay »Fee«.

Fayola: aus Nigeria, bedeutet in der Yoruba-Sprache »Glück geht einher mit Ehre«.

[1]Fe: Kurzform von Namen, die mit »Fe-« beginnen.

[2]Fe: zu span. fe »Glaube« (vgl. ▸ Fides).

Federica: weibl. Form von Federico, der italienischen und spanischen Form von Friedrich (▸ Friederike).

Fedora: weibl. Form von Fedor: aus dem Russischen, transliterierte (buchstabengetreue) Form von Fjodor, der russischen Form von Theodor: zu griech. theós »Gott« und dōron »Geschenk, Gabe«, also »Gottesgeschenk«.

Fee: Variante von ▸ [1]Fe, in der Schreibung an das Wort »Fee« angelehnt.

Felice: weibl. Bildung zu Felix: zu lat. fēlīx »fruchtbar; glücklich; Glück bringend«, ursprünglich ein römischer Beiname, der als Wunschname aufgefasst werden kann.

Felicia: ▸ Felizia.

Felicitas: ▸ Felizitas.

Felina, (auch:) Feline: unsichere Herkunft, wahrscheinlich Weiterbildung zu lat. fēlīx »fruchtbar; glücklich; Glück bringend«.

Felisa: aus dem Spanischen, weibliche Form von Felix (▸ Felice).

Felizia, (auch:) Felicia: weibl. Form von Felix (▸ Felice).

Felizitas, (auch:) Felicitas: zu lat. fēlīcitās »Fruchtbarkeit; Glück, Glückseligkeit«, auch personifiziert: Göttin des Glücks.

Fenella: aus dem Englischen, gäl. Fionnguala zu fionn »weiß« + guala »Schulter«.

Fenja: russische Koseform von ▸ Feodora und anderen Namen.

Feodora: weibl. Form von Feodor (▸ Fedora)

Ferdinande, (auch:) Ferdinanda: weibl. Form von Ferdinand: aus dem Spanischen, germanischer Ursprung, span. Fernando zu got. *frith »Schutz vor Waffengewalt, Friede« + got. *nanth »Kühnheit«, gelangte mit den Westgoten nach Spanien.

Fernanda: weibl. Form von Fernando, der spanischen Form von Ferdinand (▸ Ferdinande); auch in Italien geläufig.

Fia: Kurzform von Sofia (▸ Sophia).

Fidelia: weibl. Form von Fidelius, einer Weiterbildung von Fidelis: geht zurück auf einen spätrömischen Personennamen zu lat. fidēlis »treu, zuverlässig; rechtgläubig; Christ«.

Fides: zu lat. fidēs »Glaube«.

Filippa: weibl. Form von Filippo, der italienischen Form von Philipp: zu griech. Philippos, zu griech. phílos »Freund« und híppos »Pferd«, also etwa »Pferdefreund«.

Filomena: ▸ Philomena.

Fina, (auch:) Fine: Kurzform von Namen, die auf »-fina« ausgehen, besonders von ▸ Josefine, Josefina.

Finja, (auch:) Finia; Finnja; Finya: russische Kurzform von Rufinija (▸ Rufina) oder weibl. Bildung zu Finn: nordische Herkunft, bezeichnet einen Angehörigen des finnischen Volkes, oder irischer Ursprung, zu gäl. fionn »weiß, hell, blond«.

Fiona: aus dem Englischen, keltischer Ursprung, zu gäl. fionn »weiß, hell, blond«.

Fiora: zu italien. fiore »Blume«.

Fiorella: italienische Herkunft, Erweiterung von ▸ Fiora.

Fioretta: italienische Herkunft, Erweiterung von ▸ Fiora.

Fiorina: italienische Herkunft, Erweiterung von ▸ Fiora.

Flavia: weibl. Form von Flavius (lateinischer Ursprung, zu dem römischen Geschlechternamen Flavius, zu lat. flāvus »blond«) oder von Flavio, der italienischen Form von Flavius.

Fleur [flœ:r]: zu französ. fleur »Blume«; geht zurück auf die Gestalt der Fleur Forsyte in der »Forsyte Saga« von J. Galsworthy.

Flora: nach der römischen Göttin der Blumen und des Frühlings, zu lat. flōs, flōris »Blume«, auch weibl. Form des römischen Beinamens Florus: zugrunde liegt das alte lateinische Adjektiv flōrus, das ursprünglich (wie auch flāvus, vgl. ▸ Flavia) »blond« bedeutete, später aber »blühend«.

Florence: englische Form von ▸ Florenze.

Florentine, (auch:) Florentina: weibl. Form von Florentin: lateinischer Ursprung, geht zurück auf den römischen Beinamen Florentinus, eine Weiterbildung von Florens (zu lat. flōrēns »blühend, jugendlich blühend«).

Florenze: weibl. Form von Florenz: lateinischer Ursprung, geht zurück auf den römischen Beinamen Florentius, eine Weiterbildung von Florens (▸ Florentine).

Floretta: italienische Koseform von ▸ Flora.

Floria: Weiterbildung von ▸ Flora.

Floriane, (auch:) Floriana: weibl. Form von Florian: lateinischer Ursprung, geht zurück auf Florianus, eine Weiterbildung von Florus (▸ Flora).

Florianne: Nebenform von ▸ Floriane oder Doppelform aus Flori(ane) + ▸ Anne.

Florina: weibl. Form von Florin, auch Florin: lateinischer Ursprung, geht zurück auf den römischen Beinamen Florinus, eine Weiterbildung von Florus (▸ Flora).

Fortuna: zu lat. fortūna »Schicksal, Glück«. In der römischen Mythologie ist Fortuna die Schicksals- oder Glücksgöttin.

Die schönsten arabischen Mädchennamen

Aischa • Aliya • Amina • Anissa • Fadila • Halima • Isra • Leila • Malaika • Muna • Safia • Salwa • Sitta • Yamina

Franca: italienische Herkunft, weibl. Form von Franco, der italienischen Form von Frank (▸ Franka).

France [frãs]: identisch mit dem Ländernamen, französ. France »Frankreich«, zum Teil aber auch als verkürzte Form von ▸ Françoise aufgefasst.

Frances [ˈfrɑːnsɪs]: englische Form von ▸ Franziska.

Francesca [franˈtʃeska]: italienische Form von ▸ Franziska.

Francie [ˈfrɑːnsɪ]: englische Koseform von ▸ Frances.

Francine [frãˈsin]: französische Herkunft, weibl. Form von Francin, einer Koseform von Franc, die Frank (▸ Franka) entspricht.

Francisca: Schreibvariante von ▸ Franziska, auch spanisch.

Françoise [frãˈswaːz]: französische Form von ▸ Franziska.

Franka: weibl. Form von Frank: alter deutscher Vorname, zu ahd. Franko »der Franke«. Der gleichbedeutende englische Vorname Frank wird, vor allem in den USA, auch als Kurzform von Francis, der englischen Form von Franziskus (▸ Franziska), aufgefasst.

Franzi, (auch:) Fränzi: Koseform von ▸ Franziska.

Franzis: Kurzform von ▸ Franziska.

Franziska, (auch:) Francisca: weibl. Form von Franziskus, auch Franciscus: latinisierte Form von italien. Francesco. Der Name geht zurück auf den heiligen Franz von Assisi, der eigentlich Giovanni Bernardone hieß. Ihm wurde vom Vater oder von Freunden der Spitzname Francesco (»Französlein«) gegeben.

Frauke: friesische und niederdeutsche Koseform, unklare Herkunft, zu ahd. frouwa »Frau, Herrin« oder zu ahd. frawa »fröhlich, heiter«.

Freda, (auch:) Frede: Kurzform von ▸ Frederika.

Frederica: weibl. Form von Fredericus, einer latinisierten Form von Friedrich (▸ Friederike).

Frederika, (auch:) Frederike: weibl. Form von Frederik: niederdeutsche, dänische und niederländische Form von Friedrich (▸ Friederike).

Frédérique: französische Form von ▸ Friederike.

Freerk, Freek: ▸ Frerk.

Freia, (auch:) Freya; Freyja: nordische Herkunft. In der nordischen Mythologie war Freyja ursprünglich eine Erdgöttin, später wurde sie als Göttin der Liebe und des Frühlings verehrt. Ihr Name gehört zu altnord. frjá »lieben«.

Freydis: nordische Herkunft, zu altnord. frjá »lieben« und altnord. dís »Göttin«.

Frida: ▸ Frieda.

Friderica: weibl. Form von Fridericus, einer latinisierten Form von Friedrich (▸ Friederike).

Frieda, (auch:) Friede; Frida: Kurzform von Namen, die mit »Fried-« oder »-friede« gebildet sind, besonders von ▸ Friederike und ▸ Elfriede.

Friede: ▸ Frieda.

Friedel, (auch:) Fridel: Koseform von Namen, die mit »Fried-« oder »-friede« gebildet sind, besonders von ▸ Frieda, ▸ Friederike und ▸ Elfriede.

Friederike, (auch:) Friederika; Friedericke; Friedericka; Friderike: weibl. Form von Friedrich: alter deutscher Vorname, zu ahd. fridu »Schutz vor Waffengewalt, Friede« + ahd. rīhhi »Herrschaft, Herrscher, Macht; reich, mächtig, hoch«.

Fritzi, (auch:) Frizzi: Koseform von ▸ Friederike.

G

Gabi, (auch:) Gaby: Koseform von ▸ Gabriele.

Gabriela: ▸ Gabriele.

Gabriele, (auch:) Gabriela: weibl. Form von Gabriel: aus der Bibel, zu hebr. gabar »stark sein« + 'ēl »Gott«, also etwa »Gott hat sich stark gezeigt«, oder zu hebr. geber »Mann« + 'ēl »Gott«, etwa »Mann Gottes«.

Gabriella: italienische Form von ▸ Gabriele.

Gabrielle: französische Form von ▸ Gabriele.

Gaby: ▸ Gabi.

Galina: russischer Vorname, zu griech. galḗnē »Ruhe«.

Garda: Kurzform von Namen, die mit »-gard« gebildet sind (z. B. ▸ Hildegard).

[1]Gela, (auch:) Gele: Kurzform von ▸ Gertrud oder von Namen, die mit german. *gaila- »lustig, lüstern« gebildet wurden.

[2]Gela: Kurzform von ▸ Angela.

Geli: Kurzform von ▸ Angelika.

Gemma [ˈdʒɛmma]: zu italien. gemma »Edelstein«.

Geneva [dʒɪˈniːvə]: aus dem Englischen, identisch mit dem englischen Namen der Stadt Genf, aufgekommen aber eher als latinisierende Kurzform von ▸ Genoveva.

Geneviève [ʒənˈvjɛːv]: französische Form von ▸ Genoveva.

Genovefa: ▸ Genoveva.

Genoveva: wahrscheinlich zu german. *ginu- »weit, geräumig, ausgedehnt« + german. *waifō- »die sich Bewegende«, also »die weithin [im Kampf] sich Bewegende«.

Georgette [ʒɔrˈʒɛt]: aus dem Französischen, weibl. Form von Georges, der französischen Form von Georg (▸ Georgia).

Georgia: engl. Aussprache [ˈdʒɔːdʒə]: weibl. Form von Georg, auch Georg: zu griech. geōrgós »Landmann, Bauer«.

Georgina, (auch:) Georgine: weibl. Form von Georg (▸ Georgia) mit der Endung »-ine/-ina«.

Geraldine [dʒɛrəlˈdiːn]: aus dem Englischen, weibl. Form von Gerald: alter deutscher Vorname, jüngere Form von Gerwald (ahd. gēr »Speer« + ahd. -walt zu waltan »walten, herrschen«).

Gerda: nordische Herkunft, Ableitung des altnordischen Frauennamens Gerðr, dem – wie auch dem deutschen Namenglied »-gard« (vgl. ▸ Hildegard, ▸ Irmgard) – german. *gardaz »Zaun, Einfriedung« zugrunde liegt. In der nordischen Mythologie ist Gerðr die schöne Tochter eines Riesen, die den Gott Freyr heiratet.

Gerdi: Koseform von ▸ Gerda.

Gerdina, (auch:) Gerdine: Weiterbildung von ▸ Gerda oder Kurzform von Gerhardina.

Gerdis: schwedische Herkunft, Neubildung aus ▸ Gerda nach dem Vorbild von ▸ Hjördis.

Gerhild, (auch:) Gerhilde: alter deutscher Vorname, zu ahd. gēr »Speer« + ahd. hiltja »Kampf«.

Gerit: ▸ Gerrit.

Gerlinde, (auch:) Gerlind: alter deutscher Vorname, zu ahd. gēr »Speer« + ahd. lind »sanft, weich, mild«, auch beeinflusst von ahd. linta »Linde, Schild aus Lindenholz«. Eine Sagengestalt ist Gerlind, die Mutter des Normannenkönigs Hartmut im Kudrunepos.

Gerline: Koseform von Namen, die mit »Ger-« gebildet sind, oder Doppelform aus ▸ Ger(hild), ▸ Ger(trud) + Line (▸ Lina).

Germaine [ʒɛrˈmɛn]: weibl. Form von Germain [ʒɛrˈmɛ̃], der französischen Form von German: zu lat. Germānus »Germane« oder lat. germānus, -a »Bruder, Schwester«.

Gẹrrit, (auch:) Gerit: identisch mit dem männl. Vornamen Gerrit, auch Gerit, durch Zusammenziehung entstandene friesische Form von Gerhard, auch Gerhart: alter deutscher Vorname, zu ahd. gēr »Speer« + ahd. harti, herti »hart, kräftig, stark«.

Gẹrta: Kurzform von ▸ Gertrud.

Gẹrti, (auch:) Gẹrtie; Gẹrty: Koseform von ▸ Gerta, ▸ Gertrud.

Gẹrtrud, (auch:) Gertruda; Gertrude: alter deutscher Vorname, zu ahd. gēr »Speer« + german. *þrūþi »Kraft, Stärke«, in althochdeutscher Zeit umgedeutet zu trūt »vertraut, lieb«.

Gẹrty: ▸ Gerti.

Gesa, (auch:) Gese: niederdeutsch-friesische Koseform von ▸ Gertrud.

Gesina, (auch:) Gesine: Erweiterung von ▸ Gesa.

Ghislaine [giz'lɛn]: weibl. Form des französischen Namens Ghislain, der den Namenbestandteil »gisel-/gisil-« (zu ahd. gīsal »Geisel; Bürge, Unterpfand«) enthält.

Giada ['dʒa:da]: zu italien. giada »Jade«.

Gianna ['dʒanna]: italienische Kurzform von Giovanna (▸ Johanna).

Giannina [dʒan'nina]: italienische Koseform von ▸ Gianna.

Giesela: ▸ Gisela.

Gil [dʒɪl]: Kurzform von Gillian ['gɪlɪən]: aus dem Englischen entlehnte Nebenform des gälischen Namens Gillean (»Diener des heiligen Johannes«).

Gila: Kurzform von ▸ Gisela.

'Gilda ['dʒilda]: aus dem Italienischen, weibl. Form von Gildo, einer italienischen Kurzform von Ermenegildo (zu german. *ermana, *irmina »allumfassend, groß« + ahd. gelt »Entgelt, Lohn, Opfer«).

Die schönsten hebräischen Mädchennamen

Abigail • Aris • Batya • Dalia • Dina • Irit • Jael • Noa • Mara • Michal • Tikva • Rivka • Varda

²Gịlda: verselbstständigte Kurzform von Namen, die mit »Gild-« (ahd. gelt »Entgelt, Lohn, Opfer«) gebildet wurden.

Gillian [ˈdʒɪlɪən], [ˈgɪlɪən]: englische Form von ▸ Juliana.

¹Gi̲na: Kurzform von ▸ Regina.

²Gina [ˈdʒiːna]: aus dem Italienischen, weibl. Form von Gino: Koseform von italienischen Namen, die auf »-gi« (z. B. Luigi) oder »-gio« (z. B. Giorgio) enden.

Ginette [ʒiˈnɛt]: französische Koseform von ▸ Geneviève.

Ginger [ˈdʒɪndʒə]: zu engl. ginger »Ingwer, ingwerfarben; rötlichgelb« oder kindliche Spielform von ▸ Virginia.

Gi̲nia: Kurzform von ▸ Virginia.

Ginny [ˈdʒɪnɪ]: englische Koseform von ▸ Virginia.

Gioia [ˈdʒɔːi̯a]: zu italien. gioia »Freude; Juwel«.

Giorgia [ˈdʒɔrdʒa]: weibl. Form von Giorgio [ˈdʒɔrdʒo], der italienischen Form von Georg (▸ Georgia).

Giovanna [dʒoˈvanna]: italienische Form von ▸ Johanna.

Giovannina [dʒovanˈniːna]: italienische Koseform von Giovanna (▸ Johanna).

Gi̲sa: Kurzform von ▸ Gisela und Namen, die mit »Gis-« gebildet sind (z. B. Gislind).

Gi̲sela: alter deutscher Vorname, zu ahd. gīsal »Geisel; Bürge, Unterpfand«.

Gisèle [ʒiˈzɛl]: französische Form von ▸ Gisela.

Gisella [dʒiˈzella]: italienische Form von ▸ Gisela.

Giselle: Schreibvariante von ▸ Gisèle.

Gịtta, (auch:) Gịtte: Kurzform von ▸ Brigitte, Brigitta.

Giulia [ˈdʒuːli̯a]: italienische Form von ▸ Julia.

Giuliana [dʒuˈli̯aːna]: italienische Form von ▸ Juliana.

Giulietta [dʒuˈli̯etta]: italienische Koseform von Giulia (▸ Julia).

Giuseppina [dʒuzepˈpiːna]: weibl. Form von Giuseppe [dʒuˈzɛpe], der italienischen Form von Josef (▸ Josefa).

Glẹnda: aus dem Englischen, walisische Herkunft, Neuprägung aus gäl. glan »sauber, rein, heilig« + da »gut« oder weibl. Form des männl. Vornamens Glenn (▸ Glenn).

Glẹnn: identisch mit dem männl. Vornamen Glenn: aus dem Englischen, geht wahrscheinlich zurück auf einen von gäl. gleann »Tal« abgeleiteten Familiennamen.

Glo̲ria: zu lat. glōria »Ruhm, Ehre«; es kann sich hierbei sowohl um einen Wunschnamen handeln als auch um einen christlich motivierten Namen, der den Preis Gottes (Gloria in excelsis Deo = Ehre sei Gott in der Höhe) zum Ausdruck bringt.

Grace [greɪs]: aus dem Englischen (▸ Grazia).

Gracia: ▸ Grazia.

Grazia: deutsche und italienische Form von lat. Gratia (»Anmut, Huld, Gnade«).

Graziella: italienische Koseform von ▸ Grazia.

Greet, (auch:) Greeta; Greete: niederdeutsch-friesische Kurzform von ▸ Margarete.

Gret: ▸ Grete.

Greta: Kurzform von Margareta (▸ Margarete), auch schwedisch.

Gretchen: Koseform von ▸ Grete.

Grete: Kurzform von ▸ Margarete.

Gretel: Koseform von ▸ Grete.

Grethe: ▸ Grete.

Gretje, (auch:) Gretjen: friesische Koseform von ▸ Grete.

Griet, (auch:) Grieta: friesische und niederländische Varianten von ▸ Gret, ▸ Greta.

Grietje: friesische und niederländische Koseform von ▸ Grete.

Griselda, (latinisiert:) Griseldis: aus dem Italienischen, germanischer Ursprung (zu altfranzös. grīs aus german. *græ-wa »grau« + ahd. hiltja »Kampf«). Nach der italienischen Sage erduldet Griselda gehorsam und demütig die harten Bewährungsproben, die ihr Ehemann ihr auferlegt.

Grit, (auch:) Gritt: Kurzform von Margrit (▸ Margarete).

Gudrun, (auch:) Gutrun; Gutrune: nordische Herkunft, altnord. Guðrún zu altnord. guð »Gott« + altnord. rún »Geheimnis, geheime Beratung«. In der nordischen Sage ist Gudrun Sigurds Gemahlin (entsprechend Kriemhild und Siegfried im »Nibelungenlied«).

Gülay: zu pers./türk. gül »Rose« + türk. ay »Mond«.

Gunda, (auch:) Gunde: alter deutscher Vorname, Kurzform von Namen, die mit »Gund-/Gunt-« oder »-gund[e]« (zu ahd. gund »Kampf«) gebildet sind.

Gunde: ▸ Gunda.

Gundel: Koseform von Namen, die mit »Gund-/Gunt-« oder »-gund[e]« (zu ahd. gund »Kampf«) gebildet sind.

Gundela: Erweiterung von ▸ Gundel.
Gundis: aus dem Schwedischen, Neubildung aus den Bestandteilen altnord. gunnr »Kampf, Streit« + altnord. dís »Göttin«.
Gundula: Weiterbildung von ▸ Gunda.
Gunhild, (auch:) Gunhild: dänische/schwedische Herkunft, zu altnord. gunnr »Kampf, Streit« + altnord. hildr »Kampf, Streit«.
Gunilla: in Schweden entstandene latinisierte Form von ▸ Gunhild.
Gunna: dänische/schwedische Kurzform von ▸ Gunhild und anderen Namen, die mit »Gun-« beginnen.
Gusta: Kurzform von August (▸ Auguste).
Guste: Kurzform von ▸ Auguste.
Gustel: Koseform von ▸ Auguste.
Gwen: Kurzform von ▸ Gwendolin.
Gwenda: Neubildung zu walis. gwen »weiß, schön, glücklich« und walis. da »gut«.
Gwendolin, (auch:) Gwendolen; Gwendoline; Gwendolyn: zu walis. gwen »weiß, schön, glücklich« + dolen »Ring, Bogen«.

H

Hadwig, (auch:) Hedwig: alter deutscher Vorname, ahd. hadu- »Kampf« + ahd. wīg »Kampf«.
Haide: ▸ Heide.
Haider: ▸ Heider.
Haidi: ▸ Heidi.
Haike: ▸ Heike.
Hakima: weibl. Form von Hakim: zu arab. hakīm »weise, vernünftig, klug«.
Halima: zu arab. ḥalīma »die Milde, Geduldige«.
Halina: wahrscheinlich eine polnische Ableitung von ▸ Helene.
Hana: zu japan. hana »Blume, Blüte«.
Hania: polnische Koseform von ▸ ¹Hanna.
Hanja: Koseform von ▸ ¹Hanna oder ▸ ²Hanna in Anlehnung an russische Koseformen wie ▸ Anja, ▸ Tanja.
Hanka: polnische oder tschechische Koseform von ▸ ²Hanna.

Hanke: niederdeutsch-friesische Koseform von ▸ Johanna.

[1]**Hanna,** (auch:) Hannah: zu hebr. hannā »Anmut, Liebreiz«.

[2]**Hanna,** (auch:) Hanne: Kurzform von ▸ Johanna. Hanna ist häufig Bestandteil von Doppelformen wie z. B. Hannelore oder Hannelena.

Hannelore: Doppelform aus Hanne (▸ [2]Hanna) und ▸ Lore.

Hanni: Koseform von ▸ Johanna.

Hansi: Koseform von ▸ Johanna.

Harriet ['hærɪət]: aus dem Englischen, weibl. Bildung zu Harry: Nebenform von Henry, der englischen Form von Heinrich (▸ Heinrike).

Hauke: identisch mit dem männl. Vornamen Hauke, einer friesischen Koseform von Hugo und von Zusammensetzungen mit »Hug-« (ahd. hugu »Gedanke, Verstand, Geist, Sinn«).

Hedda: nordische Kurzform von ▸ Hedvig.

Heddi, (auch:) Heddy: Koseform von ▸ Hedda.

Hedi, (auch:) Hedy: Koseform von ▸ Hedwig.

Hedvig: dänische, schwedische, norwegische Form von ▸ Hedwig.

Hedwig: alter deutscher Vorname, jüngere Form von ▸ Hadwig.

Hedy: ▸ Hedi.

Heide, (auch:) Haide: Kurzform von ▸ Adelheid. Der Name wird oft mit der gleichlautenden Pflanzenbezeichnung in Verbindung gebracht. Der Name kommt kommt auch als Bestandteil von Doppelformen wie z. B. Heidegard (▸ Hildegard) oder Heidelind(e) vor.

Heidi, (auch:) Haidi: Koseform von ▸ Adelheid, auch als Koseform von Doppelformen mit ▸ Heide verwendet.

Heike, (auch:) Heika; Haike: niederdeutsch-friesische Koseform von ▸ Heinrike.

Die schönsten biblischen Mädchennamen

Anna • Debora • Elisabeth • Esther • Hanna • Judith • Lea • Magdalena • Maria • Martha • Rahel • Rebekka • Ruth • Tamar • Sara

Heinrike, (auch:) Heinrika: weibl. Form von Heinrich: alter deutscher Vorname, der sich aus Heimrich (ahd. heim »Haus« + ahd. rīhhi »Herrschaft, Herrscher, Macht; reich, mächtig, hoch«) entwickelt hat.

Hela: ▸ [1]Hella.

Helen, (auch:) Helen: verkürzte Form von ▸ Helene, auch englisch.

Helene, (auch:) Helena: griech. Helénē. In der griechischen Sage ist Helena, Gemahlin des Königs Menelaos von Sparta, eine Frau von außerordentlicher Schönheit. Ihre Entführung bzw., nach einer anderen Version der Sage, die Entführung ihres Trugbildes durch Paris löst den Trojanischen Krieg aus.

Hélène [e'lɛn]: französische Form von ▸ Helene.

Helga: nordische Herkunft, weibl. Form des männl. Vornamens Helge: zu altnord. heilagr »heilig«.

[1]**Hella,** (auch:) Hela: Kurzform von ▸ Helene.

[2]**Hella:** norwegische Variante von ▸ Helga.

Helma: Kurzform von Zusammensetzungen mit »Helm-« oder »-helma« (z. B. Helmtraud und ▸ Wilhelma).

Helmine, (auch:) Helmina: Kurzform von ▸ Wilhelmine.

Heloise: aus dem Französischen, germanische Herkunft, wahrscheinlich zu ahd. heil »gesund, unversehrt, heil« + ahd. witu »Holz, Wald«.

Hendrike, (auch:) Hendrika: weibl. Form von Hendrik, der niederländischen Form von Heinrich (▸ Heinrike).

Henja, (auch:) Henia: Ableitung von Namen, die mit »Hen-« beginnen (z. B. ▸ Hendrike).

Henni, (auch:) Henny: Koseform von ▸ Henriette oder auch von ▸ Johanna.

Henrica: Schreibvariante von Henrika (▸ Henrike).

Henrieke: ▸ Henrike.

Henrietta: latinisierte Form von ▸ Henriette.

Henriette: aus dem Französischen, weibl. Form von Henri [ã'ri], der französischen Form von Heinrich (▸ Heinrike).

Henrike, (auch:) Henrika; Henrieke: weibl. Form von Henrik, einer niederdeutsch-friesischen Form von Heinrich (▸ Heinrike).

[1]**Hera:** Kurzform von Namen, die mit »Her-« beginnen (z. B. Herlinde).

[2]Hera: aus der griechischen Mythologie. Die Göttin Hera, Gemahlin des Zeus, war die Beschützerin von Ehe und Familie.

Hermine, (auch:) Hermina: weibl. Bildung zu Hermann: alter deutscher Vorname, zu ahd. heri »Kriegsschar, Heer« + ahd. man »Mann«.

Hero: griechischer Ursprung, bekannt durch die tragische Liebesgeschichte zwischen Hero und Leander.

Herta, (auch:) Hertha: beruht auf einer falschen Lesart des Namens der germanischen Göttin Nerthus (Tacitus, Germania, Kap. 40).

Heta, (auch:) Hete; Hetta: Kurzform von ▸ Hedwig.

Heti, (auch:) Hetti, Hetty: Koseform von ▸ Heta.

Hetta: ▸ Heta.

Hetti, (auch:) Hetty: ▸ Heti.

Hilaria: weibl. Form von Hilarius: zu lat. hilarus, -a, -um »heiter, fröhlich«.

Hilary [ˈhɪlərɪ]: englische Form von ▸ Hilaria.

Hilda: ▸ Hilde.

Hilde, (auch:) Hilda: alter deutscher Vorname, Kurzform von Namen, die mit »Hilde-« oder »-hild[e]« gebildet sind (z. B. ▸ Hildegard und ▸ Mathilde). Eine Sagengestalt ist Hilde, die Mutter Gudruns, in der Gudrunsage.

Hildegard, (auch:) Hildegarda; Hildegarde; Hildegart; Hildegardis: alter deutscher Vorname, zu ahd. hiltja »Kampf« + german. *gardaz »Zaun, Einfriedung«, vgl. ahd. garto »Garten«.

Hildis: latinisierte Form von ▸ Hilde oder schwedische Neubildung, zu altnord. hildr »Kampf« + altnord. dís »Göttin«.

Hilke, (auch:) Hilka: niederdeutsch-friesische Koseform von Namen, die mit »Hild(e)-« oder »-hild(e)« gebildet sind.

Die schönsten Mädchennamen auf -i[e]

Anneli • Effi • Eléni • Elvi • Inkeri • Irini • Irmi • Kari • Leni • Lilli • Magali • Melanie • Natalie • Niki • Noemi • Rosi

Hilla, (auch:) Hille: Kurzform von Namen, die mit »Hilde-« oder »-hild(e)« gebildet sind.

Hilma: weibl. Bildung zu einer friesischen Kurzform von Hilmar, einer jüngeren Form von Hildemar (ahd. hiltja »Kampf« + ahd. māri »bekannt, berühmt, angesehen«).

Hiltrud, (auch:) Hiltraud; Hiltrude: alter deutscher Vorname, zu ahd. hiltja »Kampf« + german. *þrūþi »Kraft, Stärke«, in althochdeutscher Zeit umgedeutet zu trūt »vertraut, lieb«.

Hindrike, (auch:) Hindrika: weibl. Form von Hindrik, einer friesischen Form von Heinrich (▸ Heinrike)

Hinrike, (auch:) Hinrika: weibl. Form von Hinrik, einer niederdeutsch-friesischen Form von Heinrich (▸ Heinrike).

Hjördis, (auch:) Jördis: nordische Herkunft, altnord. Hjǫrdís zu altnord. hjǫrr »Schwert« + altnord. dís »Göttin«. In der nordischen Sage ist Hjördis die Mutter des Sigurd.

Holda, (auch:) Holde: Nebenform von ▸ [1]Hulda.

Holle: durch Zusammenziehung entstandene Form von Holde (▸ Holda).

Holly: Koseform von ▸ Holle; auch englischer Vorname nach der gleichlautenden Pflanzenbezeichnung (engl. holly »Stechpalme, Stechpalmenzweig«).

Hortense [ɔrˈtãːs]: französische Form von ▸ Hortensia.

Hortensia, (auch:) Hortensie: weibl. Form des römischen Geschlechternamens Hortensius, zu lat. hortus »Garten«, auch nach dem gleichlautenden Zierstrauch (vgl. ▸ Lilie). Die Pflanzenbezeichnung »Hortensie« wurde von dem französischen Botaniker P. Commerson (18. Jh.) nach dem Frauennamen ▸ Hortense geprägt.

[1]**Hulda,** (auch:) Holda; Holde: zu ahd. hold »gnädig, günstig; dienstbar; treu«.

[2]**Hulda:** aus der Bibel, hebr. »Wiesel«, im Alten Testament der Name einer Prophetin.

Hyazintha: weibl. Form von Hyazinth(us): zu griech. Hyákinthos, dessen Bedeutung unklar ist. Nach der griechischen Sage wurde Hyazinth, der Liebling Apolls, von diesem versehentlich mit einem Diskus getötet. Aus seinem Blut entsprang die Hyazinthe.

I

Ida: alter deutscher Vorname, verselbstständigte Kurzform von heute nicht mehr gebräuchlichen Vornamen, die mit »Ida-« (vielleicht zu altnord. ídh »Werk, Tätigkeit«) gebildet wurden.

Ika: verselbstständigte friesische Kurzform, Ursprung unbekannt; auch schwedische Kurzform von ▸ Annika.

Ike: identisch mit dem männl. Vornamen Ike, einer verselbstständigten friesischen Kurzform unbekannten Ursprungs.

Ilana: weibl. Form von Ilan: serbische, kroatische Ableitung von Ilija (▸ Iljana) oder neuhebräischer Ursprung, Bedeutung »Baum«.

Ilaria: italienische Form von ▸ Hilaria.

Ilayda: aus dem Türkischen; zugrunde liegt der Name einer Wasserfee.

Ildiko: Koseform von ▸ Hilde.

Ileana: rumänische Form von ▸ Helene.

Ileane: deutsche Variante von ▸ Ileana.

Ilena, (auch:) Ilene: wohl eine vereinfachte Form von ▸ Ileana.

Iliana: Schreibvariante von ▸ Iljana, auch schwedische Kurzform von ▸ Juliana.

Iljana: weibl. Bildung zu dem männl. Vornamen Ilja, der russischen Form von Elias: aus der Bibel, zu hebr. 'ēlīyāh »[mein] Gott ist Jahwe«. Nach der Bibel war Elias ein großer Prophet.

¹Ilka: zugrunde liegen kann u. a. eine ungarische ['ilkɔ] Koseform von ▸ Ilona, eine russische Koseform von Ilarija (▸ Hilaria) oder eine weibliche Form von Ilko, einer bulgarischen Koseform von Ilija (▸ Iljana).

²Ilka, (auch:) Ilke: verselbstständigte friesische Koseform unbekannten Ursprungs.

¹Ilma: zu finn. ilma »Luft«.

²Ilma: ungarische Herkunft, Neuprägung aus ▸ Il(ona) und (Vil)ma (▸ Wilma) des ungarischen Dichters Mihály Vörösmarty für eine Gestalt seines Märchenspiels »Csongor und Tünde«.

Ilona, (auch:) Ilona: ungarische Form von ▸ Helene.

Ilonka, (auch:) Ilonka: aus dem Ungarischen, Koseform von ▸ Ilona.

Ilsa: ▸ Ilse.

Ilsabe, (auch:) Ilsbet: Nebenform von ▸ Elisabeth.

Ilse, (auch:) Ilsa: Kurzform von ▸ Elisabeth. Ilse kommt auch vor als Bestandteil von Doppelformen wie z. B. Ilsedore oder Ilsegret.

Ilske: niederdeutsche Koseform von ▸ Ilse.

Ilva: italienische Herkunft, geht zurück auf Ilva, den lateinischen Namen der Insel Elba, oder Schreibvariante von ▸ Ylva.

Imke, (auch:) Imka: friesische Koseform von Namen, die mit »Irm-« gebildet sind, besonders von ▸ Irmgard.

Imogen: aus Shakespeares Drama »Cymbeline«, beruht offensichtlich auf einem Setzfehler, da Shakespeares Quelle Innogen, vielleicht von altirisch *eni-genā »Tochter, Mädchen«, hat.

Ina: Kurzform von Namen, die auf »-ina« ausgehen.

Inamaria: Doppelform aus ▸ Ina und ▸ Maria.

Indira: zu sanskrit. indira »Schönheit, Glanz«, Beiname der Göttin Lakschmi, Wischnus Gattin.

Indra: weibl. Form von Indri, einer bulgarischen Koseform von Andreas (▸ Andrea).

Ineke: ▸ Inke.

Ines: spanische Form von ▸ Agnes.

Inga: nordische Kurzform von Namen, die mit »Ing-« gebildet sind, z. B. ▸ Ingeborg.

Inge: Eindeutschung von ▸ Inga, auch dänisch. Inge kommt auch als Bestandteil von Doppelformen wie z. B. Ingedore oder Ingelene vor.

Ingeborg: aus dem Dänischen oder Schwedischen, zu altnord. Yngvi – Name einer germanischen Gottheit + altnord. borg »Zufluchtstätte, Schutz«.

Inger: jüngere Form von Ingegerd.

Ingke: ▸ Inke.

Ingrid: zu altnord. Ingiríðr; zum ersten Namenbestandteil siehe ▸ Ingeborg, der zweite enthält altnord. fríðr »schön«.

[1]Inja: Neubildung aus ▸ In(geborg) und ▸ Ja(koba).

[2]Inja: russische Kurzform von Innokentja (▸ Innocentia).

Inke, (auch:) Inka; Inken; Ineke; Ingke: friesischer Vorname unsicherer Herkunft, vielleicht Koseformen von Namen, die mit »Ing(e)-« beginnen oder auf »-ina/-ine« ausgehen.

Inkeri: finnische Form von ▸ Ingrid.

Innocentia: weibl. Form von Innozenz: geht zurück auf den römischen Beinamen Innocentius, zu lat. innocēns »unschuldig«.

Ioanna: Schreibvariante von ▸ Johanna.

Iolanda: ▸ Jolanda.

Iolanthe: ▸ Jolanda.

Iona [aɪˈoʊnə]: aus dem Englischen, nach einer kleinen Insel der Hebriden.

Ira: Kurzform von ▸ Irena oder ▸ Irina.

Irena: latinisierte Form von ▸ Irene.

Irene: zu griech. eirḗnē »Frieden«, auch Name der griechischen Friedensgöttin.

Irène: französische Form von ▸ Irene.

Irina: russische Form von ▸ Irene.

Irini: neugriechische Form von ▸ Irene.

Iris: geht zurück auf griech. Íris, den Namen der Götterbotin. In der griechischen Mythologie wurde die Botin der Götter mit dem Regenbogen gleichgesetzt und íris appellativisch im Sinne von »Regenbogen« gebraucht. Heute denkt man bei dem Vornamen gewöhnlich an die gleichnamige Blume.

Irit, (auch:) Irith: zu neuhebr. irīt »Asphodele; ein Liliengewächs«.

Irka: tschechische und polnische Koseform von ▸ Irena.

Irma: alter deutscher Vorname, verselbstständigte Kurzform von Namen, die mit »Irm-« gebildet sind (z. B. ▸ Irmgard und ▸ Irmtraud).

Irmgard, (auch:) Irmengard; Irmingard: alter deutscher Vorname, zu german. *ermana, *irmina »allumfassend, groß«, später Namenglied mit verstärkender Bedeutung, + german. *gardaz »Zaun, Einfriedung«, vgl. ahd. garto »Garten«.

Irmi: Koseform von Namen, die mit »Irm-« gebildet sind.

Die schönsten Mädchennamen auf *-iana*

Adriana • Bibiana • Damiana • Eliana • Iliana • Juliana • Kiana • Liliana • Liviana • Luciana • Oriana • Silviana • Tatiana • Viviana

Irmingard: ▸ Irmgard.

Irmtraud, (auch:) Irmtraut; Irmtrud: alter deutscher Vorname, zu german. *ermana, *irmina »allumfassend, groß«, später Namenglied mit verstärkender Bedeutung, + *þrūþi »Kraft, Stärke«, in althochdeutscher Zeit umgedeutet zu trūt »vertraut, lieb«.

Isa: Kurzform von ▸ Isabella, gelegentlich auch von ▸ Elisa, ▸ Isolde und ▸ Luisa/Luise.

Isabel: spanische Form von ▸ Elisabeth, entstand wahrscheinlich durch eine Angleichung der Endung »-(b)et« an die üblichere Endung »-(b)el« und eine Kürzung von »Elisa-« zu »Isa-«.

Isabell, (auch:) Isabell: Schreibvariante von ▸ Isabel oder ▸ Isabelle.

Isabella: italienische Form von ▸ Isabel.

Isabelle: französische Form von ▸ Isabel.

Isadora: Nebenform von ▸ Isidora.

Isidora, (auch:) Isidore: weibl. Form von Isidor: zu griech. Isídōros »Geschenk der Göttin Isis«.

Isis: geht zurück auf den Namen der ägyptischen Göttin.

Isolde: Herkunft unklar, vielleicht zu ahd. īsan »Eisen« oder īs »Eis« + ahd. hiltja »Kampf«. Der Name wurde im Mittelalter durch die Sage von »Tristan und Isolde« bekannt.

Isra: zu arab. isrā' »nächtliche Reise«.

Israela: weibl. Form von Israel: aus der Bibel, zu hebr. Yisrā'el, dessen Herkunft unklar ist (zu hebr. 'el »Gott« + hebr. sārā »kämpfen, herrschen«, also »Gott herrscht« bzw. »kämpft«, oder zu hebr. yāšār »aufrecht«). Neuhebr. Form: Yisraela.

Iva: weibl. Form von Ivo: alter deutscher Vorname, zu ahd. īwa »Eibe; Bogen aus Eibenholz«; auch Kurzform von ▸ Ivana.

Ivana: ▸ Iwana.

Ivanka: ▸ Iwanka.

Ivette: deutsche Schreibvariante von ▸ Yvette.

Ivona, (auch:) Ivone: weibl. Bildung zu Ivo (▸ Iva) oder Variante von ▸ Ivonne.

Ivonne, (auch:) Ivonn: deutsche Schreibvariante des französischen Vornamens ▸ Yvonne.

Ivy ['aɪvɪ]: zu engl. ivy »Efeu«.
Iwa̲na, (auch:) Iva̲na: weibl. Form von Iwan, auch Ivan: russische Formen von Johannes (▸ Jovana).
Iwạnka, (auch:) Ivạnka: Koseform von ▸ Iwana.

J

Jackie, (auch:) Jacky ['dʒækɪ]: englische Koseform von ▸ Jacqueline.
Jacklyn, (auch:) Jaclyn: englische Schreibvarianten von ▸ Jacqueline.
Jacky: ▸ Jackie.
Jacqueline, französ. Aussprache: [ʒaˈklin], engl. Aussprache: ['dʒækli:n]: aus dem Französischen, weibl. Form von Jacques [ʒak], der französischen Form von Jakob (▸ Jakoba).
Jacquelyn: englische Variante von ▸ Jacqueline.
Ja̲de, engl. Aussprache: [dʒeɪd], französ. Aussprache: [ʒad]: nach dem Edelstein; auch englisch und französisch.
Ja̲el, (auch:) Ya̲el: aus der Bibel, zu hebr. yāʻēl »Steinbock«.
Jakọba: weibl. Form von Jakob: aus der Bibel, hebräischer Ursprung, bedeutet eigentlich »Er [Gott] möge schützen«, wird aber bereits im Alten Testament volksetymologisch als »Fersenhalter« und »er betrügt« verstanden. Nach der Bibel brachte Jakob seinen Zwillingsbruder Esau durch List um dessen Erstgeburtsrecht und durch Betrug um den väterlichen Segen.
Jamie ['dʒeɪmɪ]: weibl. Bildung zu James [dʒeɪmz], der englischen Form von Jakob (▸ Jakoba).
Jami̲la: ▸ Djamila.
Jami̲na: ▸ Yamina.
Jạna: weibl. Form von Jan: niederdeutsche, friesische, niederländische, schwedische, polnische, tschechische Form von Johannes (▸ Jovana); auch Kurzform von ▸ Juliana, im Niederländischen von ▸ Adriana.
¹Ja̲ne: Kurzform von ▸ Christiane, ▸ Juliane oder Nebenform von ▸ Jana.
²Jane [dʒeɪn]: englische Form von ▸ Johanna, die aus altfranzös. Je(h)anne hervorgegangen ist.
Janet ['dʒænɪt]: englische Kosefom von ▸ ²Jane.

Janetta: latinisierende Form von ▸Janet oder Erweiterung von ▸Jana.

Janette: Erweiterung von engl. ▸Janet oder vereinfachte Schreibung von französ. ▸Jeannette; gelegentlich auch Weiterbildung von ▸Jana.

Janice: englische Koseform von Jane.

Janika: weibl. Bildung zu Janik: slowenische oder eingedeutschte tschechische (Janík) Koseform von Jan (▸Jana) oder Schreibvariante von Jannik oder Yannick (▸Jannika).

Janina: weibl. Form von Jan (▸Jana).

[1]Janine: deutsche und niederländische Variante von ▸Janina.

[2]Janine, auch englisch [ʒəˈniːn]: vereinfachte Schreibweise von französ. ▸Jeannine.

Janita, engl. Aussprache: [dʒəˈniːtə]: weibl. Bildung zu Jan (▸Jana), im Englischen vereinfachte Form von ▸Juanita oder Erweiterung von ▸Janet.

[1]Janka: ungarische Koseform von ▸Johanna.

[2]Janka: polnische und tschechische Koseform von ▸Johanna.

Janna, (auch:) Janne: niederdeutsch-friesische Kurzform von ▸Johanna.

Janneke: niederdeutsch-friesische Koseform von ▸Johanna.

Jannette: Erweiterung von Janna mit der Endung »-ette« oder Eindeutschung von ▸Jeannette.

Janni, (auch:) Janny: Koseform von ▸Janna.

Jannika: weibl. Bildung zu Jannik: Ableitung von Johannes (▸Jovana), deren genaue Herkunft nicht eindeutig zu ermitteln ist, am ehesten neu belebte Koseform von Jann, einer niederdeutsch-friesischen Variante von Jan (▸Jana), oder Entlehnung des dänischen Vornamens Jannik, der wiederum deutschen oder slawischen Ursprungs sein kann.

Jannina: Erweiterung von ▸Janna oder Variante von ▸Janina.

Janny: ▸Janni.

Jaqueline: deutsche Schreibvariante von ▸Jacqueline.

Jara: tschechische Kurzform (Jára) von Namen, die mit »Jar-« beginnen (z. B. ▸Jarmila).

Jarmila: tschechische Herkunft, weibl. Form von Jarmil, einer Neubildung aus tschech. jarý »heftig, frisch, stark« und milý »lieb«.

Jasmin, (auch:) Jasmina; Jasmine; Yasmin; Yasmina: identisch mit dem Namen des Zierstrauchs. Der Pflanzenbezeichnung liegt letztlich persisch yāsaman mit gleicher Bedeutung zugrunde, das über arab. yāsamīn und span. jazmín ins Deutsche gelangte.

Jean [dʒi:n]: englische Form von ▸ Johanna.

Jeanette: deutsche Variante von ▸ Jeannette.

Jeanie: ▸ Jeanny.

Jeanine: ▸ Jeannine.

Jeanne [ʒɑn]: französische Form von ▸ Johanna.

Jeannette [ʒaˈnɛt]: Koseform von Jeanne (▸ Johanna).

Jeannie: ▸ Jeanny.

Jeannine [ʒaˈnin]: Koseform von Jeanne (▸ Johanna).

Jeanny, (auch:) Jeannie; Jeanie [ˈdʒi:...]: englische Koseform von ▸ Jean.

Jelẹna: russische Form von ▸ Helena.

Jenifer: ▸ Jennifer.

Jẹnni, (auch:) Jẹnnie; Jẹnny: Koseform von ▸ Johanna oder ▸ Eugenie.

Jennifer, (auch:) Jenifer: [ˈdʒ...]: aus dem Englischen, geht zurück auf kelt. Guenevere (walis. gwen »weiß, blond; gesegnet, heilig« + hwyfar »glatt, weich«), den Namen der Gemahlin von König Artus.

Jẹnny, engl. Aussprache: [ˈdʒɛnɪ]: ▸ Jenni oder englische Koseform von ▸ Jane und Kurzform von ▸ Jennifer.

Jẹssica, engl. Aussprache: [ˈdʒ...]: wurde geprägt von Shakespeare für eine Gestalt in seinem Drama »Der Kaufmann von Venedig«, vielleicht in Anlehnung an hebr. Jiska (»Er [Gott] schaut«).

Jessie, (auch:) Jessye [ˈdʒ...]: schottische Koseform von Jean [ʒã], der französischen Form von Johannes (▸ Jovana). Jessie wird auch als Kurzform von ▸ Jessica gebraucht.

Jẹtte, (auch:) Jẹtta: Kurzform von ▸ Henriette.

Die schönsten Mädchennamen auf *-ia*

Alessia • Amelia • Antonia • Aurelia • Cecilia • Cintia • Fabia • Felicia • Ilaria • Kezia • Lavinia • Livia • Lydia • Viktoria

Jill, (auch:) Jil: englische Kurzform von ▸ Jillian.
Jillian: englische Nebenform von Gillian (▸ Juliana).
Jimena, (auch:) Ximena [xiˈmena]: weibl. Form von Jimeno, einem im mittelalterlichen Spanien geläufigen männlichen Namen, der wahrscheinlich baskischer Herkunft ist.
Jirina, (auch:) Jirina: eindeutschende Schreibung von tschech. Jiřina, weibl. Form von Jiří, der tschechischen Form von Georg (▸ Georgia).
Jiska: aus der Bibel, Bedeutung »Jahwe sieht«, Name einer Nichte Abrahams.
Jo: Kurzform von Namen, die mit »Jo-« beginnen, besonders von ▸ Johanna; engl. Jo ist eine Kurzform von Josephine (▸ Josefine).
Joan [dʒoʊn]: englische Form von ▸ Johanna.
Joana, (auch:) Joanna [ʒoʊˈænə]: Nebenform von ▸ Johanna, auch englisch.
Joanne [ʒɔˈan], engl. Aussprache: [dʒoʊˈæn]: altfranzösische Form von ▸ Johanna, es kann aber auch eine deutsche oder englische Doppelform aus Jo, engl. Aussprache: [dʒoʊ], einer Kurzform von Namen, die mit »Jo-« beginnen, und ▸ Anne zugrunde liegen.
Jocelyn, (auch:) Joceline [ˈdʒɔslɪn]: normannische Herkunft (doppelte Verkleinerungsform zu dem Stammesnamen der Goten/Gauten: Gautzelin).
Jody, (auch:) Jodie [ˈdʒoʊdɪ]: aus dem Englischen, Herkunft umstritten, möglicherweise eine Koseform von ▸ Judith oder eine Erweiterung von Jo (▸ Joanne).
Joela: weibl. Form von Joel: aus der Bibel, zu hebr. yōʼēl »Jahwe ist Gott«. Joel war einer der Propheten des Alten Testaments.
Joelle [ʒɔˈɛl]: französische Herkunft, weibl. Form von Joel (▸ Joela).
Johanna, (auch:) Johanne; Joana; Joanna: aus der Bibel, griechische Form von hebr. yḥnn »Gott ist gnädig«. Nach der Bibel gehörte Johanna zu den Frauen, die Jesus geheilt hatte und die ihm nachfolgten.
Jola: Kurzform von ▸ Jolanda.
Jolanda, (auch:) Jolande; Jolanta; Jolanthe; Iolanthe; Iolanda; Yolanda: Entstehung ungeklärt, vermutlich liegt ursprüng-

lich die altfranzösische Form eines germanischen Namens zugrunde, dessen Bestandteile nicht mehr sicher zu identifizieren sind. Der Name wechselt in der Überlieferung mit Violante und wurde möglicherweise in Anlehnung an griech. íon »Veilchen« + griech. ánthos »Blume, Blüte« bzw. lat. viola »Veilchen« umgedeutet.

Jolene [dʒoʊˈliːn]: In den USA aus ▸ Jo und der Endung »-lene« gebildet.

Jolina, (auch:) Joline: deutsche Variante von ▸ Jolene oder Neubildung aus ▸ Jo + ▸ Lina.

Jorid: nordische Herkunft, zu altnord. Jóríðr zu altnord. jór »Hengst« + altnord. fríðr »schön«.

Jorina: friesische weibliche Bildung zu Gregor: geht zurück auf Gregorius, einen spätrömischen Beinamen (griech. grēgoréō »wachen, wachsam sein«), oder auf Georg (▸ Georgia).

Jorinde: vielleicht niederdeutsche weibl. Bildung zu Georg (▸ Georgia) oder zu Gregor (▸ Georgia). Der Name ist bekannt durch das grimmsche Märchen »Jorinde und Joringel«.

Josefa, (auch:) Josepha: weibl. Form von Josef, auch Joseph: aus der Bibel, zu hebr. yōsep »hinweggenommen hat Jahwe meine [Rahels] Schmach« oder »Jahwe möge [noch einen Sohn] dazugeben«.

Josefine, (auch:) Josefina; Josefin; Josephine; Josephina; Josephin: weibl. Form von Josef, auch Joseph (▸ Josefa).

Josepha: ▸ Josefa.

Josephine, (auch:) Josephina: ▸ Josefine.

Josette [ʒoˈzɛt]: französische Herkunft, weibl. Bildung zu Joseph (französ. Aussprache: [ʒoˈsɛf], engl. Aussprache: [ˈdʒoʊsɪf]), der älteren Schreibvariante von Josef (▸ Josefa).

Die schönsten Mädchennamen auf *-ina*

Adina • *Amina* • *Bettina* • *Carina* • *Celina* • *Despina* • *Evelina* • *Fiorina* • *Gesina* • *Irina* • *Justina* • *Leonina* • *Madina* • *Tamina*

Josina: friesische und niederländische Kurzform von ▸Josefine.

Jovana: weibl. Form von Jovan, der serbischen Form von Johannes: aus der Bibel, hebräischer Ursprung, griechische Form von hebr. yōḥānān »Jahwe hat Gnade erwiesen«.

Joy [dʒɔɪ]: zu engl. joy »Freude«.

Juana ['xu̯ana]: spanische Form von ▸Johanna.

Juanita [xu̯a'nita]: spanische Koseform von Juana (▸Johanna).

Judith, (überkonfessionelle Form:) Judit: zu hebr. yehūdīt »Judäerin«. Nach den apokryphen Schriften tötete Judith den assyrischen Feldherrn Holofernes mit einer List und rettete so ihre Vaterstadt Bethulia und Jerusalem.

Jula, (auch:) Jule: Kurzform von ▸Julia.

Juli: Kurzform von ▸Julia, ▸Juliana.

Julia, (auch:) Julie: weibl. Form von Julius: lateinischer Ursprung, altrömischer Geschlechtername. Der bekannteste Angehörige des Geschlechts der Julier ist Gaius Julius Cäsar, dem zu Ehren der siebente Monat des Kalenderjahrs benannt ist: lat. [mēnsis] Jūlius.

Juliana, (auch:) Juliane: weibl. Form von Julianus: geht zurück auf einen von Julius (▸Julia) abgeleiteten Beinamen.

Julianna, (auch:) Julianne: Erweiterung von ▸Julia in Anlehnung an ▸Anna/Anne.

Julie, engl. Aussprache: ['dʒu:lɪ], französ. Aussprache: [ʒy'li]: ▸Julia, auch englisch und französisch.

Julienne [ʒy'ljɛn]: französische Form von ▸Juliana.

Juliet ['dʒu:ljət]: geht zurück auf die Heldin von Shakespeares Drama »Romeo and Juliet« (dt. »Romeo und Julia«), Anpassung von italien. Giulietta, Koseform von Giulia (▸Julia), an das Englische.

Julietta: latinisierende Erweiterung von ▸Julia oder ▸Juliet.

Juliette [ʒy'ljɛt]: französische Koseform von Julie (▸Julia).

Julika: aus dem Ungarischen, Koseform von ▸Julia.

Julina, (auch:) Juline: Weiterbildung von ▸Julia.

Justina, (auch:) Justine: weibl. Form von Justinus, einer Weiterbildung von Justus: lateinischer Ursprung, lat. iūstus, -a, -um »gerecht; rechtschaffen, redlich«.

Jutta: alte Koseform von ▸Judith.

Kai, (auch:) Kaj; Kay; Cay: nordische Herkunft, stark verkürzte Form von ▸ Katharina.

Kaj: ▸ Kai.

Kaja, (auch:) Caja; Kaya; Caya: schwedische Kurzform von ▸ Katharina oder weibl. Form von Kai, auch Kaj, Kay, Cai, Cay: friesische oder nordische Herkunft, Bedeutung umstritten, vielleicht friesische kindersprachliche Form von Garrit (▸ Gerrit) oder Klais (zu Nikolaus, ▸ Nikola), möglicherweise auch Verkürzung des lateinischen Vornamens Caius (Herkunft unbekannt).

Kajsa: schwedische Koseform von ▸ Karin.

Kalinka: russische Koseform von Kallinika (griech. kalós »schön« + griech. níkē »Sieg«).

Kamea: aus Hawaii, Bedeutung »die Einzige«.

Kamilla: ▸ Camilla.

Kara: ▸ Cara.

Karen, (auch:) Caren: dänische Form von ▸ Katharina.

Karena: Erweiterung von ▸ Karen.

Kari: schwedische und norwegische Kurzform von ▸ Katharina.

Karima: weibl. Form von Karim: zu arab. karīm »wohltätig, großmütig«. Karim ist eine der Bezeichnungen des Propheten Mohammed.

Karin: schwedische Form von ▸ Katharina.

Karina, (auch:) Karine; Carina; Carine: Weiterbildung von ▸ Karin.

Karla, (auch:) Carla: weibl. Form von Karl, auch Carl: alter deutscher Vorname, Herkunft umstritten, eher abzuleiten als von ahd. kar[a]l »Mann; Ehemann« ist der Name von einer Koseform eines mit ahd. heri »Kriegsschar, Heer« gebildeten Namens, dem die romanische Koseendung »-olus« angehängt wurde. Auch das Anfangs-K erklärt sich durch romanische Wiedergabe des germanischen H- als C-.

Karlina, (auch:) Karline; Carline; Carlina: Weiterbildung von ▸ Karla.

Karlotta: eindeutschende Schreibweise von ▸ Carlotta.

Karola: ▸ Carola.

Karolin: ▸ Carolin.

Karolina: ▸ Carolina.

Karoline, (auch:) Caroline: Weiterbildung von ▸ Carola mit der

Endung »-ine/-ina«. Eine moderne Variante ist die verkürzte Form ▸ Carolin.

Kassandra, (auch:) Cassandra: griechischer Ursprung, Bedeutung nicht sicher geklärt. Nach der griechischen Sage sagte Kassandra – ohne dass jemand ihren Prophezeiungen Glauben schenkte – den Untergang Trojas voraus und warnte vergeblich vor dem hölzernen Pferd.

Katarina: ▸ Katharina.

Kate [keɪt]: englische Kurzform von Katherine (▸ Katharina).

Käte: ▸ Käthe.

Katerina: ▸ Katharina.

Katharina, (auch:) Katharine; Katarina; Katherina; Katerina; Catarina: griechischer Ursprung, Umdeutung des griechischen Frauennamens Aikaterínē zu griech. katharós »rein«.

Käthchen: Koseform von ▸ Käthe.

Käthe, (auch:) Käte: Kurzform von ▸ Katharina.

Katherina: ▸ Katharina.

Katherine ['kæθərɪn]: englische Form von ▸ Katharina.

Kathi: ▸ Kati.

Kathinka: ▸ Katinka.

Kathleen: aus dem Englischen, Schreibvariante von ▸ Cathleen.

Kathrin, (auch:) Katrin; Cathrin; Catrin: verkürzte Form von ▸ Katharina.

Kathrina, (auch:) Kathrine; Katrina; Katrine; Cathrina; Catrina: Nebenform von ▸ Katharina.

Kathy ['kæθɪ]: Schreibvariante von ▸ Kati, auch englisch.

Kati, (auch:) Kathi; Katy: Koseform von ▸ Katharina.

Katia: ▸ Katja.

Katinka: ungarische Koseform von ▸ Katharina, auch Eindeutschung von russ. Katen'ka, Katjonka, tschech. Katynka, Kátěnka.

Katja: aus dem Russischen, Koseform von Jekaterina (▸ Katharina).

Katrice: ▸ Catrice.

Katrin: ▸ Kathrin.

Katrina, (auch:) Katrine: ▸ Kathrina.

Katy: ▸ Kati.

Kay: Schreibvariante von ▸ Kai. Im Englischen ist Kay [keɪ] eine

Kurzform von Namen, die mit »K-« beginnen, besonders von Katherine (▸ Katharina).

Kaya: ▸ Kaja.

Kelly, (auch:) Kellie: identisch mit dem männl. Vornamen Kelly: ursprünglich ein englischer Familienname, dem der irische Familienname O'Ceallaigh »Nachkomme des Ceallach« oder ein schottischer Ortsname zugrunde liegen kann.

Kendra ['kɛndrə]: aus dem Englischen, wahrscheinlich eine Neuprägung aus Ken(neth) und ▸ (Alexan)dra, wird auch aufgefasst als weibl. Bildung zu Kenneth (▸ Kenia).

Kenia ['kɛnjə]: englische Neubildung als weibl. Form zu Kenneth ['kɛnɪθ]: aus dem Englischen, keltischer Ursprung, von zwei gälischen Namen ableitbar, Cinaed (wahrscheinlich »aus Feuer geboren«) und Coinneach (»hübsch«).

Kenja: deutsche Schreibvariante von ▸ Kenia.

Kenya: Schreibvariante von ▸ Kenia.

Kerry: aus dem Englischen, zugrunde liegt der gleichlautende Name einer irischen Grafschaft.

Kerstin: niederdeutsche und schwedische Form von ▸ Christine.

Kerstina, (auch:) Kerstine: Erweiterung von ▸ Kerstin.

Kezia, (auch:) Keziah, engl. Aussprache: [kɪ'zaɪə]: aus dem Englischen, biblische Herkunft (hebr. qesi'ā »Kassia«, eine Heil- und Gewürzpflanze).

Khadija, (auch:) Khadidja; Kadija, Kadidja [xa'di:dʒa]: zu arab. khadīja »frühzeitig geborenes Kind«. Diesen altarabischen Namen trug die erste Frau Mohammeds.

Die schönsten Namen großer Schriftstellerinnen

Anaïs Nin • Anna Seghers • Charlotte Brontë • Clara Viebig • Daphne du Maurier • Doris Lessing • Edith Stein • Elsa Morante • Herta Müller • Isabel Allende • Joanne K. Rowling • Johanna Spyri • Karoline von Schlegel • Leonie Ossowski • Luise Rinser • Marguerite Duras • Marie Luise Kaschnitz • Nadine Gordimer • Patricia Highsmith • Sarah Kirsch • Simone de Beauvoir • Sophie von La Roche • Virginia Woolf

¹Kiana [kɪˈænə]: weibl. Bildung zu Kian [ˈkɪæn]: zu irisch cian »alt, anhaltend, fortdauernd«.
²Kiana [kɪˈænə]: hawaiische Form von ▸ Diana.
Kiera [ˈkɪərə]: weibl. Bildung zu Kieran [ˈkɪərən]: englische Form des irischen Namens Ciarán (zu gäl. ciar »schwarz«).
Kim: Kurzform von ▸ Kimberley.
Kimberley, (auch:) Kimberly: englische Herkunft, zugrunde liegt ein englischer Ortsname bzw. der davon abgeleitete Familienname.
Kimi: finnische Kurzform von ▸ Joachim.
Kira: russische Form von ▸ Kyra.
Kirsten: niederdeutsche, norwegische, schwedische und dänische Form von ▸ Christine.
Kirstin: Nebenform von ▸ Kirsten.
Kirstina: Erweiterung von ▸ Kirstin.
Kitty: aus dem Englischen, Koseform von ▸ Katherine.
Klara: ▸ Clara.
Kläre: ▸ Claire.
Klarina: Weiterbildung von ▸ Klara.
Klarissa: ▸ Clarissa.
Klaudia: ▸ Claudia.
Klementina, (auch:) Klementine: ▸ Clementine.
Klothilde: geht zurück auf den altfränkischen Frauennamen Chlothildis, zu ahd. hlūt »laut, berühmt« + ahd. hiltja »Kampf«. Klothilde (Chlothilde) hieß die Gemahlin des Frankenkönigs Chlodwig I.
Konstantine, (auch:) Konstantina: weibl. Form von Konstantin: lateinischer Ursprung, geht zurück auf den römischen Beinamen Constantinus, eine Weiterbildung von Constantius (zu lat. cōnstāns »standhaft«).
Konstanze: ▸ Constanze.
¹Kora: ▸ ¹Cora.
²Kora, (auch:) Cora: griechischer Ursprung, geht zurück auf den Beinamen der Göttin Persephone (griech. kórē »Jungfrau, Mädchen«).
Kordelia: ▸ Cordelia.
Kordula: ▸ Cordula.
¹Korinna, (auch:) Korina: ▸ ¹Corinna.

[2]Korinna, (auch:) Corinna: zu griech. kórē »Jungfrau, Mädchen«, ▸ [2]Kora.

Kornelia: ▸ Cornelia.

Kosima: ▸ Cosima.

Kreszentia, (auch:) Kreszenz: ▸ Crescentia.

Kris: Schreibvariante von ▸ Chris.

Krista: (vorwiegend skandinavische) Schreibvariante von ▸ Christa.

Kristiane, (auch:) Kristiana: (vorwiegend skandinavische) Schreibvariante von ▸ Christiane.

Kristin: (vorwiegend skandinavische) Schreibvariante von ▸ Christin.

Kristina, (auch:) Kristine: (vorwiegend skandinavische) Schreibvariante von ▸ Christine.

Kyle [kaıl]: identisch mit dem männl. Vornamen Kyle: englischer Ursprung, geht zurück auf einen schottischen Familiennamen, der auf einem Orts- oder Flurnamen (zu gäl. caol »eng«) beruht.

Kylie [ˈkaılı]: australische Herkunft, wohl Erweiterung von ▸ Kyle.

Kyra: griechischer Ursprung, weibl. Form von Kyrillos (zu griech. kýrios »Herr [Gott]«) oder von Kyros (persische Herkunft, Bedeutung unklar). Kyros war der Name des Königs und Gründers des altpersischen Weltreichs (6. Jh. v. Chr.).

L

Laetitia, (auch:) Laetizia; Lätitia: lateinischer Ursprung, zu lat. laetitia »Freude, Fröhlichkeit«.

Laila: ▸ Leila.

[1]Lale: kindersprachliche Form von ▸ Lieselotte oder von Namen, die auf »-alie« enden.

[2]Lale: zu türk. lale »Tulpe«.

Lana: russische Kurzform von Namen, die auf »-lana« ausgehen (z. B. ▸ Swetlana). Im Englischen ist Lana eine Kurzform von ▸ Alana.

Lara: russische Kurzform von ▸ Laura oder ▸ Larissa.

Laraine [ləˈreın], Lareen [ləˈriːn]: englische Herkunft, Varianten von ▸ Lorraine.

Larina: Erweiterung von ▸ Lara oder Eindeutschung von Larena (▸ Laraine).

Larissa, (auch:) Larisa: aus dem Russischen, griechische Herkunft, vielleicht zum Ortsnamen Larissa oder Erweiterung zu griech. larós »lieblich« oder zu griech. láros »Möwe«.

Latifa: arabischer Ursprung, weibl. Form zu Latif: gekürzte Form von Abd-el-Latif (arab. 'abd »Diener« + arab. al latîf »der Gütige, Sanftmütige«, einer der Beinamen Allahs: »Diener [Gottes,] des Gütigen«).

Lätitia, (auch:) Lätizia: ▸ Laetitia.

Laura: aus dem Italienischen, geht zurück auf einen lateinischen Personennamen der Kaiserzeit, zu lat. laurea »Lorbeerbaum, Lorbeerkranz«. Der Name war ein Wunschname, der auf die Schönheit der Pflanze und auf den Lorbeerkranz als Symbol des Sieges anspielte; bei den frühen Christen war der Lorbeerkranz auch Symbol des Martyriums.

Laure [lɔ:r]: französische Form von ▸ Laura.

Laureen [lɔ'ri:n]: englische Koseform von ▸ Laura.

Lauren, (auch:) Loren ['lɔrən]: aus dem Englischen, vielleicht eine weibl. Bildung zu Laurence ['lɔrəns], der englischen Form von Laurentius (▸ Laurentia), oder eine Koseform von ▸ Laura.

Laurena [lɔ'rɪ:nə]: englische Koseform von ▸ Laura.

Laurence [lɔ'rãs]: französische Form von ▸ Laurentia.

Laurentia: weibl. Form von Laurentius: lateinischer Ursprung, geht zurück auf den römischen Beinamen Laurentius (»der aus der Stadt Laurentum Stammende«), schon früh durch volkstümliche Anlehnung an lat. laurus »Lorbeer; Lorbeerkranz« zu »der Lorbeerbekränzte« umgedeutet.

Lauretta: italienische Koseform von ▸ Laura.

Laurette, (auch:) Lorette [lɔ'rɛt]: französische Koseform von Laure (▸ Laura).

Laurina: italienische Erweiterung von ▸ Laura.

Lauryn: ▸ Laureen.

Lavinia: lateinischer Ursprung, Bedeutung unklar. In der römischen Mythologie ist Lavinia die Tochter von Latinus, König von Latium, und die Gattin des Äneas.

Layla: ▸ Leila.

Lea: aus der Bibel, zu hebr. le'āh »[Wild]kuh«. Nach der Bibel war Lea die Tochter Labans und die ältere Schwester

Rachels. Durch Betrug ihres Vaters wurde sie die erste Frau Jakobs.

Leah [li:]: englische Form von ▸ Lea.

Leana: Erweiterung von ▸ Lea oder Kurzform von ▸ Ileana.

Leandra: weibl. Form von Leander: wohl zu griech. laós, leṓs »Volk« und anḗr, andrós »Mann«.

Leda: griechischer Ursprung, Bedeutung unklar. In der griechischen Mythologie zeugt Zeus in Gestalt eines Schwans mit Leda, der Frau des Spartanerkönigs Tyndareos, die Dioskuren Kastor und Pollux.

Lee, (auch:) Leigh [li:]: identisch mit dem männl. Vornamen Lee, auch Leigh: ursprünglich ein englischer Familienname, dem ein Örtlichkeitsname zu altengl. lēah »Wald; Lichtung; Wiese« zugrunde liegt.

Leila, (auch:) Laila; Layla; Leyla: arabischer Ursprung, Bedeutung »Dunkelheit, Nacht«. Der Name wurde bekannt durch die arabopersische Liebesgeschichte von Leila und Madschnun.

Lelia: lateinischer Ursprung, weibl. Form des römischen Geschlechternamens Laelius.

Lena, (auch:) Lene: Kurzform von ▸ Helene und ▸ Magdalena.

Lene: ▸ Lena.

Leni, (auch:) Leny: Koseform von ▸ Helene und ▸ Magdalena.

Lenka: polnische, tschechische Koseform von ▸ Helene und ▸ Magdalena.

Leny: ▸ Leni.

Leona: weibl. Form von Leon, einer Variante von Leo (griechischer und lateinischer Ursprung, geht zurück auf den spätrömischen Beinamen Leo, lat. leo »Löwe«) oder Kurzform von Leonhard (▸ Leonarda).

Die schönsten Namen großer Schauspielerinnen

Angelina Jolie • Anne Hathaway • Brigitte Bardot • Corinna Harfouch • Diane Keaton • Emma Thompson • Franka Potente • Iris Berben • Isabella Rossellini • Jennifer Aniston • Julia Roberts • Juliette Binoche • Kate Winslet • Nicole Kidman • Penelope Cruz • Sandra Bullock • Sophia Loren

Leonarda: weibl. Form von Leonardo, der italienischen Form von Leonhard: ahd. lewo »Löwe«, entlehnt aus lat. leo, leōnis »Löwe« + ahd. harti, herti »hart, kräftig, stark«.

Leonella: italienische Koseform von ▸ Leona.

Leonie, (auch:) Leonie; Leoni; Leony: aus dem Französischen, weibl. Form von Léon, der französischen Form von Leo (▸ Leona).

Leonina: Weiterbildung von ▸ Leona, auch italienisch.

Leonore, (auch:) Leonora: Kurzform von ▸ Eleonore.

Leopoldine: weibl. Form von Leopold: alter deutscher Vorname, der zurückgeht auf die Latinisierung von Luitpold (zu ahd. liut »Volk« + ahd. bald »kühn«).

Leslie, (auch:) Lesley: identisch mit dem männl. Vornamen Leslie: aus dem Englischen, zugrunde liegt ein schottischer Orts- und Familienname; seit den 1960er-Jahren in den USA häufiger als Mädchenname verwendet.

Leticia, (auch:) Letitia; Letizia: ▸ Laetitia.

Levinia: eigtl. weibliche Form zu Levin (niederdeutscher Vorname, zu altsächs. liof »lieb, wert, freundlich« + altsächs. wini »Freund«), eher jedoch aufgefasst als Eindeutschung der englischen Aussprache von ▸ Lavinia.

Leyla: ▸ Leila.

Li: chinesische Herkunft, identisch mit dem männl. Vornamen Li (Bedeutung »Pflaumenbaum«).

[1]Lia: griechisch-lateinische Form (Léia, Lia) des biblischen Namens ▸ Lea.

[2]Lia: Kurzform von Namen, die auf »-lia« ausgehen, besonders von ▸ Julia.

Liane, (auch:) Liana: Kurzform von Juliane (▸ Juliana). Heute wird der Vorname häufig mit »Liane«, der Bezeichnung der tropischen Schlingpflanze, gleichgesetzt.

Lianne, (auch:) Lyanne; Lyann: Umbildung von ▸ Liane in Anlehnung an Anne oder Doppelform aus ▸ Elisabeth und ▸ Anne.

Libby: englische Koseform von Elizabeth (▸ Elisabeth).

Lidia: ▸ Lydia, auch polnisch, spanisch, italienisch.

Lidwina: ▸ Ludwina.

Lies, (auch:) Liesa; Liese; Lise; Lis: Kurzform von ▸ Elisabeth.

Liesbeth, (auch:) Lisbeth: Kurzform von ▸ Elisabeth.
Liese: ▸ Lies.
Liesel, (oberdeutsch auch:) Liesl: Koseform von ▸ Elisabeth.
Lieselotte, (auch:) Lieselott; Liselotte: Doppelform aus ▸ Liese und ▸ Lotte.
Liesl: ▸ Liesel.
Lil, (auch:) Lili: ▸ Lilli.
Lilia, (auch:) Lilie: nach der Blumenbezeichnung.
Lilian, (auch:) Lillian: englische Herkunft, zugrunde liegt wahrscheinlich eine Lallform von ▸ Elisabeth. Heute wird Lilian manchmal als Ableitung von Lily (»Lilie«) aufgefasst.
Liliana, (auch:) Liliane; Lilliana; Lilliane: Weiterbildung von ▸ Lilian.
Lilie: ▸ Lilia.
Lilith: aus der Bibel, zu hebr. līlit < akkadisch lilītū < sumerisch líl »Wind«, ursprünglich der Name eines babylonischen weiblichen Sturmdämons, der in Israel wegen des Anklangs an hebr. layl »Nacht« als Nachtgespenst angesehen wurde.
Lillemor: zu schwed. lilla mor »kleine Mutter«.
Lilli, (auch:) Lil; Lill; Lili: Koseform – eigentlich Lallform aus der Kindersprache – von ▸ Elisabeth. Der Vorname ist bekannt durch das Soldatenlied »Lilli Marlen«.
Lillian: ▸ Lilian.
Lilly: ▸ Lilli und ▸ Lily.
Lilo: Kurzform von ▸ Lieselotte.
Lily: Variante von ▸ Lilli, auch englischer Vorname zu engl. lily »Lilie«.
Lina, (auch:) Line: Kurzform von Namen, die auf »-lina« ausgehen, besonders von ▸ Carolina.

Die schönsten Namen von Sängerinnen

Adele • Alicia Keys • Amy Winehouse • Bonnie Tyler • Britney Spears • Christina Aguilera • Diana Ross • Edith Piaf • Ella Fitzgerald • Katy Perry • Nelly Furtado • Norah Jones • Sarah Connor

Linda: Nebenform von ▸ Linde, auch englisch (hier oft Kurzform von ▸ Belinda, später auch mit span. linda »hübsch« in Verbindung gebracht).

Linde: Kurzform von Namen, die mit »-linde« (ahd. lind »sanft, weich, mild«, auch beeinflusst durch ahd. linta »Linde, Schild aus Lindenholz«) gebildet sind. Der Vorname wird heute volkstümlich auf das Adjektiv »lind« bezogen oder mit dem Baumnamen »Linde« gleichgesetzt.

Line, französ. Aussprache: [lin]: ▸ Lina, auch französisch.

Linea: Schreibvariante von ▸ Linnea.

Linette, (auch:) Linett: französische Koseform von Line (▸ Lina).

Linn: Kurzform von Namen, die auf »-lin«, »-lina«, »-line« enden.

Linnea, (auch:) Linnéa: schwedische Herkunft, nach der Blume, die nach dem schwedischen Botaniker Carl von Linné benannt wurde.

Liona: weibl. Form von Lion, einer Variante von Leo(n) (▸ Leona).

Lionella: weibl. Bildung zu Lionel ['laɪənl]: aus dem Englischen, geht zurück auf eine altfranzösische Koseform von Léon (▸ Leona); auch Erweiterung von ▸ Liona.

Lis: ▸ Lies.

Lisa: Kurzform von ▸ Elisabeth.

Lisabeth: Kurzform von ▸ Elisabeth.

Lisamaria, (auch:) Lisamarie: Doppelform aus ▸ Lisa und ▸ Maria.

Lisanne, (auch:) Lisann; Lysann; Lysanne: Doppelform aus ▸ Lisa und ▸ Anne.

Lisbeth: ▸ Liesbeth.

Lise: ▸ Lies.

Liselotte: ▸ Lieselotte.

Lisette, (auch:) Lisett: aus dem Französischen entlehnte Koseform von ▸ Elisabeth.

Lissi, (auch:) Lissy: Koseform von ▸ Elisabeth.

Liv: norwegische Herkunft, zu altnord. hlíf »Wehr, Schild«, häufig aber mit liv »Leben« in Verbindung gebracht.

Livia: weibl. Form von Livius: lateinischer Ursprung, geht zurück auf einen römischen Geschlechternamen ungeklärter Herkunft und Bedeutung.

Liviana: eigentlich weibl. Form des römischen Beinamens Līviānus, der von dem römischen Geschlechternamen Livius (▸ Livia) abgeleitet ist, wird heute jedoch eher als Erweiterung von ▸ Livia aufgefasst.

Liz [lɪz]: englische Kurzform von Elizabeth (▸ Elisabeth).

Liza [ˈlaɪzə]: englische Kurzform von Elizabeth (▸ Elisabeth).

Lizzy, engl. Aussprache: [ˈlɪzɪ]: aus dem Englischen übernommene Koseform von Elizabeth (▸ Elisabeth).

Lois [ˈloʊɪs]: aus dem Englischen, biblische Herkunft. Loïs (hebr. »angenehm, wohlgefällig«) heißt die Großmutter des Paulusschülers Timotheus. Der Name wird heute gelegentlich auch als Kurzform von ▸ Louisa oder Eloise (▸ Heloise) aufgefasst.

Lola: spanische Koseform (Lallform) von ▸ Dolores, auch kindersprachliche Form von ▸ Carlotta, ▸ Carola, ▸ Leonore und auf Sizilien von ▸ Lorenza.

Lolita: spanische Koseform von ▸ Lola.

Lona: Kurzform von ▸ Apollonia und ▸ Leona, auch englisch.

Loni, (auch:) Lonni; Lonie; Lony; Lonny: Kurzform von ▸ Apollonia und ▸ Leonie.

Lora: Kurzform von Eleonora (▸ Eleonore) oder Nebenform von ▸ Laura.

Loraine: ▸ Lorraine.

Lore: Kurzform von ▸ Eleonore.

Loren: ▸ Lauren.

Lorena: ▸ Laurena, auch spanische und italienische Form von ▸ Lorraine.

Lorenza: weibl. Form von Lorenzo, der italienischen Form von Laurentius (▸ Laurentia).

Die schönsten Namen großer Künstlerinnen

Angelica Kauffmann • Angelina Below • Artemisia Gentileschi • Bridget Riley • Camille Claudel • Dorothea Tanning • Frida Kahlo • Gabriele Münter • Käthe Kollwitz • Marianne von Werefkin • Natalja Gontscharowa • Niki de Saint Phalle • Paula Modersohn-Becker

Loretta: italienische Koseform von ▸ Lora.
Lorette, (auch:) Lorett: ▸ Laurette.
Lori: Koseform von ▸ Lora, ▸ Lore.
Lorina: italienische Erweiterung von ▸ Lora.
Lorraine, engl. Aussprache: [lɔ'reɪn], französ. Aussprache: [lɔ'rɛn]: englische oder französische Herkunft, identisch mit dem Namen der französischen Region (dt. Lothringen). Der englische und schottische Vorname kann aus einem gleichlautenden Familiennamen, der ursprünglich die Herkunft aus Lothringen bezeichnete, oder auch aus einer Umbildung von ▸ Lora hervorgegangen sein.
Lotte, (auch:) Lotta: Kurzform von ▸ Charlotte. Doppelformen mit Lotte sind z. B. Lotteli(e)s und Lottemarie.
Lou [lu:]: Kurzform von Louise (▸ Luise).
Louisa: latinisierte Form von ▸ Louise, auch englisch.
Louise: weibl. Form von Louis [lu'ɪ], engl. Aussprache ['lu:ɪs], der französischen und englischen Form von Ludwig (▸ Ludovica).
Lu: Kurzform von ▸ Luise.
Luca: ▸ Luka.
Luci: verkürzte Form von ▸ Lucia.
Lucia, (auch:) Luzia; Lucie; Luzie: weibl. Form von Lucius, auch Luzius: geht zurück auf einen alten, sehr verbreiteten römischen Vornamen (Praenomen), zu lat. lūx »Licht«, also »der Lichte, der Glänzende« oder »der bei Tagesanbruch Geborene«.
Luciana, (auch:) Luciane: weibl. Form von Lucian: geht zurück auf den römischen Beinamen Lucianus, Weiterbildung von Lucius (▸ Lucia).
Lucie: ▸ Lucia, auch französisch.
Lucienne [ly'sjɛn]: aus dem Französischen, weibl. Form von Lucien [ly'sjɛ̃], der französischen Form von Lucianus (▸ Luciana).
Lucilla: geht zurück auf einen römischen Beinamen der Kaiserzeit, eine Weiterbildung von Lucius (▸ Lucia); auch italienisch.
Lucille [lu'sɪl]: englische Form von ▸ Lucilla.
Lucinde, (auch:) Lucinda: Weiterbildung von ▸ Lucia.

Lucretia: ▸ Lukretia.
Lucrezia: italienische Form von ▸ Lukretia.
Lucy [lu:sɪ]: englische Form von ▸ Lucia.
Ludmilla: aus dem Tschechischen (Ludmila), zu urslaw. *l'udь »Volk« + *milь »lieb, teuer«.
Ludovica, (auch:) Ludovika; Ludowika: weibl. Form von Ludovicus, einer Latinisierung von Ludwig, auch Ludewig: alter deutscher Vorname, zu ahd. hlūt »laut, berühmt« + ahd. wīg »Kampf, Krieg«.
Ludwina, (auch:) Lidwina: weibl. Form von Ludwin, einer Nebenform von Luitwin: alter deutscher Vorname, zu ahd. liut »Volk« + ahd. wini »Freund«.
Luise, (auch:) Luisa: eindeutschende Form von ▸ Louise.
Luka, (auch:) Luca: weibl. Form von Lukas, auch Lucas: lateinischer Ursprung, mit dem griechischen Suffix »-âs« gebildete Ableitung von Lucius (▸ Lucia).
Lukretia, (auch:) Lucretia; Lukrezia: lateinischer Ursprung, weibl. Form des altrömischen Geschlechternamens Lucretius, Herkunft und Bedeutung unbekannt.
Lulu: Lallform aus der Kindersprache von Namen, die mit »Lu-« beginnen, z. B. ▸ Ludmilla, ▸ Luise.
Luna: nach der römischen Mondgöttin oder zu lat./span./italien. luna »Mond«.
Luzia, (auch:) Luzie: ▸ Lucia.
Lydia, (auch:) Lidia: griech. Lydía, Bedeutung »die aus Lydien in Kleinasien Stammende, die Lydierin«.
Lynn, (auch:) Lyn; Lynne [lɪn]: aus dem Englischen, Kurzform von ▸ Linda oder von ▸ Carolyn.
Lysann, (auch:) Lysanne: ▸ Lisanne.

Die schönsten Namen großer Sportlerinnen

Anni Friesinger • Birgit Prinz • Britta Steffen • Cathy Freeman • Franziska van Almsick • Hannah Stockbauer • Janica Kostelić • Jelena Issinbajewa • Jennifer Capriati • Katharina Witt • Magdalena Neuner • Maria Riesch • Marion Jones • Regina Halmich • Serena Williams

M

Mabel [meɪbl]: englische Kurzform von Amabel (lat. amābilis »liebenswürdig«).

Maddy [ˈmædɪ]: englische Kurzform von Magdalen (▸ Magdalena).

Madeleine [maˈdlɛn]: französische Form von ▸ Magdalena, auch englisch.

Madeline, engl. Aussprache: [ˈmædlin], französ. Aussprache: [maˈdlin]: englische Variante von ▸ Madeleine, auch im Französischen gebräuchlich.

Madelon [maˈdlɔ̃]: französische Koseform von ▸ Madeleine.

Madina: italienische Koseform von Maddalena (▸ Magdalena).

Madita: Neubildung der Kinderbuchautorin Astrid Lindgren als Koseform von Margareta (▸ Margarete) für eines ihrer Bücher.

Madleen, (auch:) Madlen; Madlena; Madlene: Kurzform von ▸ Magdalena.

Madlin: eindeutschende Schreibung von ▸ Madeline.

Mae [meɪ]: englische Variante von ▸ May.

Maéva [maeˈva]: aus dem Französischen, polynesische Herkunft, Bedeutung »willkommen«.

Magali, (auch:) Magalie: aus dem Französischen, provenzalische Form von ▸ Margarete.

Magda: Kurzform von ▸ Magdalena.

Magdalena, (auch:) Magdalene: hebräischer Ursprung, Kürzung aus Maria Magdalena (eigentlich »Maria aus dem Ort Magdala am See Genezareth«). Nach der Bibel war Maria Magdalena eine der treuesten Jüngerinnen Jesu. Ihr erschien als Erster der auferstandene Christus.

Maggie, (auch:) Maggy [ˈmægɪ]: englische Koseform von ▸ Margaret.

Mai: ▸ Maie, auch norwegische und eingedeutschte Form von ▸ Maj, ▸ May.

Maia: ▸ [1]Maja, ▸ [2]Maja, ▸ [3]Maja.

Maibrit, (auch:) Maibritt; Mai-Britt; Maybrit; Maybritt: eindeutschende Schreibung von schwed. Majbritt bzw. norweg. May-Britt, einer Doppelform aus ▸ Maj bzw. May und Britt (▸ Brit).

Maie, (auch:) Mai: niederdeutsch-friesische Kurzform von ▸ Maria.

Maike, (auch:) Maiken; Maika: niederdeutsch-friesische Koseform von ▸ Maria.

Mailin, (auch:) Mailina; Mailine: Neubildung aus ▸ Mai und ▸ Lin(a), auch norwegische Kosebildung zu ▸ Mai mit der Endung »-lin«.

[1]**Maite:** aus dem Spanischen, baskischer Ursprung, Bedeutung »Geliebte«.

[2]**Maite:** spanische Herkunft, entstanden aus María Teresa.

Maj: schwedische Kurzform von ▸ Maria.

[1]**Maja:** Kurzform von ▸ Maria, auch schwedisch.

[2]**Maja:** griechisch-lateinischer Ursprung. In der griechischen Mythologie war Maīa die schönste der Plejaden. In Rom wurde sie gleichgesetzt mit Māia, der altrömischen Göttin des Wachstums.

[3]**Maja:** geht zurück auf die altindische Göttin Maya (»Wunderkraft«, auch »Trugbild«).

Majella: geht zurück auf den Familiennamen des heiligen Gerhard Majella.

Makena: aus Kenia, Bedeutung in der Kikuju-Sprache »die Glückliche«..

Malaika, (auch:) Maleika: zu arab. malā'ika, Mehrzahl von »Engel«.

Maleen, (auch:) Malen; Malena: Kurzform von ▸ Magdalena.

Die schönsten Mädchennamen nach Blumenbezeichnungen

Amancaya (Blumenname auf Quechua) • Amaryllis • Daisy (engl.: »Gänseblümchen«) • Erica, Erika • Fleur (französ.: »Blume«) • Flora (italien., span.: »Blume«) • Heide • Iris • Irit (neuhebr.: »Asphodele [ein Liliengewächs]«) • Jasmin • Kezia (eine Heil- und Gewürzpflanze) • Lily (engl.: »Lilie«) • Linnea • Marguerite (französ. auch: »Margarite«) • Myrta, Myrte • Nurit (neuhebr.: »Ranunkel, Hahnenfuß«) • Padma (sanskrit.: »Lotus«) • Rosa, Rose • Susanne (hebr.: »Lilie«) • Varda (neuhebr.: »Rose, Rosenstrauch«) • Viola, Violetta (lat., italien.: »Veilchen«) • Zahra (arab.: »Blume, Blüte«)

Maleika: ▸ Malaika.
Malen, (auch:) Malena: ▸ Maleen.
Malika: weibl. Form von Malik: gekürzte Form von Abd-el-Malik (arab. ʻabd »Diener« + arab. al mālik »der Besitzer, König«, einer der Beinamen Allahs: »Diener [Gottes,] des Königs«) oder bulgarische Koseform von Namen wie Malomir (urslaw. *malъ »klein« + urslaw. *mirъ »Friede«).
Malin: nordische Kurzform von ▸ Magdalena.
Malina: Erweiterung von ▸ Malin oder russische Kurzform von Magdalina (▸ Magdalena), vielleicht mit Anlehnung an malina »Himbeere«. In Ingeborg Bachmanns Roman »Malina« ist »Malina« allerdings der (slowenische) Familienname des Geliebten der Hauptperson.
Malka: tschechische (Málka) Koseform von ▸ Amalie.
Malou [maˈluː]: Doppelform aus ▸ Marie und ▸ Louise.
Malu: Doppelform aus ▸ Marie und ▸ Luise.
Malve, (auch:) Malva: nach dem gleichlautenden Pflanzennamen.
Malwine, (auch:) Malwina; Malvina; Malvine: geht zurück auf den Namen einer Gestalt aus »The Works of Ossian« von James MacPherson. Möglicherweise prägte er den Namen Malvina in Anlehnung an gäl. maol-mhin »glatte Augenbraue«.
Mandy [ˈmændɪ]: englische Kurzform von ▸ Amanda.
Manja: russische Koseform von ▸ Maria.
Manon [maˈnõ]: französische Koseform von ▸ Maria.
Manuela: weibl. Form von Manuel, der spanischen Form von Emanuel, einer Nebenform von Immanuel: aus der Bibel, zu hebr. ʻimmānūʼēl »mit uns [ist] Gott«. Unter diesem Namen kündigt der Prophet Jesaja nach neutestamentlichem Verständnis den Messias an.
[1]**Mara:** bulgarische, makedonische, serbische, kroatische Nebenform von ▸ Maria.
[2]**Mara,** (auch:) Marah: aus der Bibel, zu hebr. mārāʼ »bitter«. Nach der Bibel nahm ▸ Noemi nach dem Tod ihres Mannes Elimelech diesen Namen an.
Maraike: ▸ Mareike.
Marceline [marsəˈlin]: weibl. Form von Marcelin, der französischen Form von Marcellinus (▸ Marcellina).

Marcella, (auch:) Marzella: weibl. Form von Marcell(us), auch Marzell(us), Weiterbildungen zu lat. Marcus: aus älterem Mārt-kos »dem Mars zugehörig, geweiht«, wurde ursprünglich den im »Mēnsis Mārtius« (März) Geborenen als Name gegeben.

Marcellina: weibl. Form von Marcellinus, einer Weiterbildung zu Marcellus (▸ Marcella).

Marcia ['mɑ:ʃə]: aus dem Englischen, lateinischer Ursprung, weibl. Form von Marcius, einem römischen Geschlechternamen; oft auch aufgefasst als weibl. Form von Mark, einer deutschen und englischen Form von Markus (▸ Marcella).

Mareen: ▸ Marena.

Mareike, (auch:) Mareika; Maraike: niederdeutsche Koseform von ▸ Maria.

Mareka, (auch:) Mareke: niederdeutsch-friesische Koseform von ▸ Maria.

Maren: dänische Form von ▸ Marina.

Marena, (auch:) Marene; Mareen: Weiterbildung von ▸ Maren.

Maret: norwegische und schwedische Kurzform von ▸ Margarete.

Marga: Kurzform von ▸ Margarete.

Margaret ['mɑ:gərɪt]: englische Form von ▸ Margarete.

Margareta: Nebenform von ▸ Margarete, auch schwedisch.

Margarete, (auch:) Margareta; Margarita; (ältere Schreibungen:) Margarethe; Margaretha: zu lat. margarīta »Perle« aus griech. margarítēs »Perle«. Der Vorname wird oft mit dem Blumennamen Margerite gleichgesetzt. Der Blumenname ist aus französ. marguerite »Gänseblümchen, Maßliebchen« entlehnt, das gleichfalls auf lat. margarīta »Perle« zurückgeht. Der Benennung der Blume liegt ein Vergleich der Blütenköpfchen von Gänseblümchen mit Perlen zugrunde.

Margarita: lateinische, spanische und russische Form von ▸ Margarete.

Margit: schwedische, norwegische und ungarische ['mɔrgit] Kurzform von ▸ Margarete.

Margot, französ. Aussprache: [mar'go]: aus dem Französischen, Koseform von Marguerite (▸ Margarete).

Margret: Kurzform von ▸ Margarete.

Margrit: Kurzform von ▸ Margarete.

Marguerite [margəˈrit]: französische Form von ▸ Margarete.
Maria: aus der Bibel, griechische und lateinische Form von hebräisch (aramäisch) Mirjām, dessen Herkunft noch nicht sicher geklärt ist (vielleicht zur hebr. Wurzel rym »schenken«, also »Gottesgeschenk«, oder zur Wurzel mry »fruchtbar sein«), seit dem 18. Jh. als zweiter Vorname auch an Jungen vergeben, um sie dem Schutz der Jungfrau Maria anzuvertrauen.
Mariam, (auch:) Maryam: Variante von Mirjam (▸ Maria), auch arabisch.
Marian [ˈmærɪən]: englische Herkunft, ursprünglich eine mittelalterliche Schreibvariante von ▸ Marion, die im 18. Jh. auch als Doppelform aus ▸ Mary und ▸ Ann aufgefasst wurde.
Mariane, (auch:) Mariana: weibl. Form von Marian(us): deutsche Form des römischen Beinamens Marianus, einer Weiterbildung von Marius (lateinischer Ursprung, geht zurück auf einen altrömischen Geschlechternamen), oder zu ▸ Maria gebildete männl. Form. Auch Schreibvariante von ▸ Marianne, Marianna.
Marianka: polnische Koseform von ▸ Marianne.
Mariann: ▸ Marianne, ▸ Marian.
Marianne, (auch:) Marianna: Doppelform aus ▸ Maria und ▸ Anna.
Maribel: spanische Herkunft, Doppelform aus ▸ Mari[a] und ▸ [Isa]bel.
Marie: Nebenform von ▸ Maria, auch französisch.
Mariechen: Koseform von ▸ Maria.
Marieke: niederdeutsch-friesische Koseform von ▸ Maria.
Mariela: ▸ Mariella.
Mariele: oberdeutsche Koseform von ▸ Maria.
Marielena, (auch:) Marielene; Marilena; Marilene: Doppelform aus ▸ Maria und ▸ Lena.
Mariell: eindeutschende Form von ▸ Marielle.
Mariella: aus dem Italienischen, Koseform von ▸ Maria. Deutsch auch Mariela.
Marielle: französische Koseform von ▸ Maria.
Marieluise: Doppelform aus ▸ Marie und ▸ Luise.
Marietheres: Doppelform aus ▸ Marie und ▸ Theres[a].
Marietta: aus dem Italienischen, Koseform von ▸ Maria.

Mariẹtte: französische Koseform von ▸ Maria.
Marịja, (auch:) Mạrja: russische Form von ▸ Maria.
Marijana: weibl. Form von Marijan: serbische, kroatische, slowenische Form von Marian (▸ Mariane).
Marijke [maˈrɛikə]: niederländische Koseform von ▸ Maria.
Marika: aus dem Ungarischen, Koseform von ▸ Maria.
Marike: ▸ Marieke.
Mạriko: japanische Herkunft mit verschiedenen Deutungsmöglichkeiten, z. B. japan. ma »wahrhaft, echt« + ri »klug« + ko »Kind« oder Mari [Maria] + ko.
Marilena, (auch:) Marilene: ▸ Marielena.
Marilu: Doppelform aus ▸ Mari[a] und ▸ Lu[ise].
Marilyn, (auch:) Marylin [ˈmæ...]: englische Erweiterung von Mary (▸ Maria) mit der Endung »-lyn«.
Marina: weibl. Form von Marinus: lateinischer Ursprung, geht zurück auf den römischen Beinamen Marinus, eine Ableitung von Marius (▸ Mariane). Marinus wurde aber bereits in spätrömischer Zeit in Verbindung gebracht mit lat. marīnus »am Meer lebend«.
Marinẹlla: italienische Koseform von ▸ Marina.
Marion: aus dem Französischen oder Englischen, Koseform von ▸ Maria.
Maris: geht zurück auf lat. Stēlla maris (»Meerstern«), einen Beinamen der Jungfrau Maria (vgl. auch ▸ Stella).
Marisa, (auch:) Marise: Doppelform aus ▸ Maria und ▸ Luisa/▸ Luise, ▸ Lisa/▸ Lise, auch spanisch.
Marịschka: russische Koseform von ▸ Maria oder ▸ Marina; auch Eindeutschung von ungarisch ▸ Mariska.
Marịska: Koseform von ▸ Maria.
Marịssa: Erweiterung von ▸ Maria.
Marit: schwedische und norwegische Kurzform von ▸ Margarete.
Marita: norwegische Variante von ▸ Marit, gelegentlich auch Koseform von ▸ Maria mit der spanischen Endung »-ita«. Eine deutsche Schreibvariante ist Marịtta.
Mạrja: friesische, finnische, slowenische Form von ▸ Maria, auch Schreibvariante von ▸ Marija.
Marjana: ▸ Marijana.
Mạrla, (auch:) Mạrle: Kurzform von ▸ Marlene.

Marlene, (auch:) Marlena; Marlen; Marleen: Doppelform aus ▸ Maria und ▸ Lena/▸ Lene.
Marlies, (auch:) Marlis; Marliese: Doppelform aus ▸ Maria und ▸ Lies.
Marlin: die englische Aussprache von ▸ Marlene wiedergebende Schreibweise.
Marlina: ▸ Marline.
Marline, (auch:) Marlina: Doppelform aus ▸ Maria und ▸ Lina, ▸ Line. Im Englischen ist Marline eine Variante von ▸ Marlene.
Marlis: ▸ Marlies.
Marlitt, (auch:) Marlit: vielleicht Neubildung aus ▸ Maria und ▸ Melitta oder nach dem Künstlernamen der Schriftstellerin Eugenie Marlitt (eigtl. John).
Martha, (älter auch:) Marthe; Marte; (überkonfessionelle Form:) Marta: aus der Bibel, zu aram. mārtā' »Herrin«. Nach der Bibel war Martha die Schwester des Lazarus und der Maria von Bethanien. Sie ist die Patronin der Hausfrauen.
Martina: weibl. Form von Martin: lateinischer Ursprung, geht zurück auf den römischen Beinamen Martinus (zu lat. Mārs, -tis, dem Namen des Kriegsgottes).
Martine: französische Form von ▸ Martina.
Martje: friesische Koseform von ▸ Martha, im Niederländischen auch weibliche Form von Martin (▸ Martina).
Maruschka: russische Koseform von ▸ Maria. Bei Maruschka handelt es sich um eine Eindeutschung von ungarisch Maruska.
Mary [ˈmærɪ]: englische Form von ▸ Maria.
Maryam: ▸ Mariam.
Marylin: ▸ Marilyn.
Marylou [mærɪˈlu:]: aus dem Englischen, Doppelform aus ▸ Mary und ▸ Lou[isa].
Marzella: ▸ Marcella.
Mascha: aus dem Russischen, Koseform von Marija (▸ Maria).
Mathilde, (auch:) Mathilda; Matilde; Matilda: alter deutscher Vorname, zu ahd. ma[c]ht »Macht, Kraft« + ahd. hiltja »Kampf«.
Mattea: weibl. Form von Matteo, der italienischen Form von Matthäus: geht zurück auf die griechische/lateinische Form

von hebr. Mattai, Kurzform von hebr. mattanyāh »Gabe Jahwes«.

Mattia: weibl. Form von Matthias: griechische Kurzform von Mattatías, zu hebr. mattityāh »Gabe Jahwes«.

Maud, (auch:) Maude [mɔːd]: englische Form von ▸ Mathilde, die auf altfranzös. Mahault zurückgeht.

Maura: weibl. Form von Mauro, der italienischen Form von Maurus: lateinischer Ursprung, geht zurück auf einen römischen Beinamen (lat. maurus »der aus Mauretanien Stammende, der Mohr«).

Maureen, (auch:) Moreen [mɔˈriːn]: englische Form des irischen Namens Máirín, einer Koseform von ▸ Maria.

Maurizia: weibl. Form von Maurizio, der italienischen Form von Moritz: aus lat. Mauritius, einer Ableitung von Maurus (▸ Maura).

Maxi, (auch:) Maxie: besonders süddeutsche Kurzform von ▸ Maximiliane.

Maxime: weibl. Form von Maxim: deutsche Form des römischen Beinamens Maximus (lat. māximus, -a, -um »der Größte«).

Maximiliane, (auch:) Maximiliana: weibl. Form von Maximilian: geht zurück auf die vulgärlateinische Form (Maximilianus) des römischen Beinamens Maximillianus, einer Bildung zu lat. māximus »der Größte«.

Maxine: weibl. Form von Max: Kurzform von Maximilian (▸ Maximiliane).

May [meɪ]: englische Kurzform von ▸ Mary und ▸ Margaret, seit den 1920er-Jahren auch nach dem Monatsnamen.

Maya: ▸ ¹Maja, ▸ ²Maja, ▸ ³Maja.

Die schönsten Mädchennamen nach Edelsteinbezeichnungen

Amber (engl.: »Bernstein«) • Beryl (engl.: »Beryll [ein Halbedelstein]«) • Coral (engl.: »Koralle«) • Esmeralda (span.: »Smaragd«) • Gemma (ital.: »Edelstein«) • Giada (ital.: »Jade«) • Inbar (hebr.: »Bernstein«) • Jade (engl., französ.: »Jade«) • Pearl (engl.: »Perle«) • Rubina (ital.: »Rubin«) • Ruby (engl.: »Rubin«)

Maybrit, (auch:) Maybritt: ▸ Maibrit.

Mechthild, (auch:) Mechthilde (latinisierte Form:) Mechtildis, davon abgeleitet Mechtilde: alter deutscher Vorname, umgelautete Nebenform von ▸ Mathilde.

Medea: zu griech. Mḗdeia, zu griech. mḗdomai »nachdenken; geschickt, fähig sein«. In der griechischen Mythologie ist Medea die zauberkundige Tochter des Königs Aietes in Kolchis, die Jason zum Goldenen Vlies verhilft und später aus Rache an ihm die gemeinsamen Kinder umbringt.

Meg: englische Koseform von Margaret (▸ Margarete).

Meggy: englische Koseform von Margaret (▸ Margarete).

Meike: niederdeutsch-friesische Koseform von Namen, die mit »Mein-« gebildet sind (z. B. ▸ Meinhild).

Meinhild: alter deutscher Vorname, zu ahd. magan, megin »Kraft, Stärke, Macht« + ahd. hiltja »Kampf«.

Mel: englische Kurzform von ▸ Melanie.

Melanie, (auch:) Melanie: geht zurück auf einen spätrömischen Personennamen griechischer Herkunft (griech. Melanía zu griech. mélas »schwarz«).

Melany [ˈmɛlənɪ]: englische Form von ▸ Melanie.

Melena: Variante von Melene, einer niederländischen Kurzform von ▸ Magdalena.

Melina, (auch:) Meline: altfranzösische Kurzform von Ameline, einer Koseform von germanischen Namen, die mit dem Stamm »Amal-« gebildet wurden (Amalia).

Melinda: Kurzform von ▸ Ermelind(a) oder englische Bildung aus ▸ Melanie oder ▸ Melissa mit der Endung »-inda« nach dem Muster von ▸ Lucinda.

Meline: ▸ Melina.

Melisande: Nebenform von Melisenda, einem Namen westfränkischer Herkunft, der besonders in den »fränkischen« Kreuzfahrerstaaten beliebt wurde (wohl zu german. *mel »lieb, mild« + german. *swinþa »stark, ungestüm« oder german. *sinþa, got. sinþs »Weg, Gang, Kriegszug«).

Melissa: ▸ Melitta.

Melita: italienische Form von ▸ Melitta.

Melitta, (auch:) Melissa: zu griech. mélitta, -issa »Biene«.

Melody: zu engl. melody »Melodie«.

Melvina: ▸ Malwine.

Meral: zu türk. meral »Damhirschkuh«.

Mercedes: aus dem Spanischen, bezieht sich auf das Fest Maria de mercede redemptionis captivorum »Maria von der Gnade der Gefangenenerlösung«.

Meret: Kurzform von ▸ Margarete.

Merit: schwedische Form von ▸ Margarete.

Merle: aus dem Englischen, zu französ. merle, lat. merula »Amsel«.

Merlin, (auch:) Merlyn: aus dem Englischen, angeregt durch engl. merlin »Zwergfalke« sowie durch die beliebten weiblichen Endungen »-lin/-lyn«.

Merry: ursprünglich Koseform des englischen Vornamens Mercy (»Barmherzigkeit«), heute in Verbindung gebracht mit dem Adjektiv merry »lustig, fröhlich«.

Meryem: türkische Form von ▸ Maria.

Meta: Kurzform von ▸ Margareta.

Metta: niederdeutsche und schwedische Kurzform von ▸ Mechthild.

Mette: niederdeutsche, dänische und norwegische Kurzform von ▸ Mechthild.

Mia: Kurzform von ▸ Maria, auch englisch.

Michaela, (auch:) Michaele: weibl. Form von Michael: aus der Bibel, zu hebr. mīkā'ēl »wer ist wie Gott?«.

Michal: aus der Bibel, hebräischer Ursprung, wohl weibl. Kurzform von Michael (▸ Michaela). So heißt im Alten Testament eine Tochter Sauls, die König David heiratete.

Michela [mi'kɛla]: weibl. Form von Michele [mi'kɛle], der italienischen Form von Michael (▸ Michaela).

Michèle, (auch:) Michelle [mi'ʃɛl]: französische Form von ▸ Michaela.

Die schönsten Mädchennamen mit der Bedeutung »schön«

Anna (»Anmut, Schönheit«) • Bella (»schön«) • Blanka (»glänzend, schön«) • Bonita (»gut«, »hübsch«) • Carina (»hübsch, lieb«) • Djamila (»schön, hübsch«) • Fatin (»bezaubernd, verführerisch«) • Zohra (»Helligkeit, Schönheit«)

Michelle: Schreibvariante von ▸ Michèle.
Michiko ['mitʃko]: zu japan. mi »schön« + chi »vernünftig, verständig« + ko »Kind«.
Mieke: niederdeutsche Koseform von ▸ Maria.
Mikaela: schwedische Form von ▸ Michaela.
Mila: tschechische Kurzform (Míla) mehrerer weiblicher Vornamen, z. B. Ludmila (▸ Ludmilla), ▸ Milena, Emílie (▸ Emilie).
Milana: weibl. Form von Milan: tschechische Herkunft, zu urslaw. *milъ »lieb, teuer« + Endung »-an«.
Mildred: aus dem Englischen, geht zurück auf altengl. Mildþryð (altengl. mild »mild, sanft« + altengl. þrӯð »Stärke, Macht«).
Milena, (deutsch auch:) Milena: aus dem Tschechischen, zu urslaw. *milъ »lieb, teuer« + Endung -ena.
Milenka: tschechische Koseform von ▸ Milena.
¹Milka: aus der Bibel, hebräischer Ursprung, zur hebräischen Wurzel mlk »König«, »Königin«.
²Milka: tschechische Koseform von ▸ Mila, ▸ Milena, polnische und tschechische Koseform von ▸ Emilie.
Milla: Kurzform von ▸ Camilla, ▸ Ludmilla.
Milli: Koseform von ▸ Emilie, ▸ Ludmilla.
Milva: italienische Doppelform aus ▸ Maria und ▸ Ilva.
Mimi: Koseform – eigentlich Lallform aus der Kindersprache – von ▸ Maria.
Mina, (auch:) Mine; Miena: Kurzform von Namen, die auf »-mina« oder »-mine« ausgehen, besonders von ▸ Wilhelmine/-a und ▸ Hermine/-a.
Minerva: geht zurück auf die römische Göttin der Weisheit, des Handwerks und der schönen Künste.
Minette: französierende Koseform von Mine (▸ Mina).
Minka: polnische oder tschechische (Mínka) Koseform von ▸ Wilhelmine.
Minni: Koseform von ▸ Wilhelmine.
Minnie: englische Koseform von Wilhelmina (▸ Wilhelmine).
Minou [mi'nu:]: Koseform von ▸ Mina.
Mio: zu japan. mio »schöner Kirschbaum«.
Miranda: aus dem Englischen, wohl von Shakespeare für die Heldin seines Schauspiels »Der Sturm« (zu lat. mīrandus, -a, -um »wunderbar, bewundernswert«) gebildet.

Mireille [miˈrɛj]: französische Form von provenzal. Mirèio, von F. Mistral für die Titelheldin seiner Verserzählung »Mirèio« (wohl in Anlehnung an provenzal. mirar »bewundern«) gebildet.

Mịrjam, (auch:) Mịriam; Mịrijam; Mỵriam: aus der Bibel, hebräischer (aramäischer) Ursprung. Die griechische und lateinische Form von Mirjam ist ▸ Maria.

Mo [mɔ]: englische Herkunft, Kurzform von ▸ Maureen.

Moana: hawaiische Herkunft, Bedeutung »Ozean«.

Moira: aus dem Englischen, gibt die Aussprache von Máire, der irischen Form von Mary (▸ Maria), wieder.

Mọlly: aus dem Englischen, Koseform – eigentlich Lallform aus der Kindersprache – von Mary (▸ Maria).

[1]**Mọna:** irische Herkunft, zu gäl. muadh »edel«. Der Name des berühmten Gemäldes von Leonardo da Vinci hat nichts mit dem Vornamen Mona zu tun. Mona Lisa, eigentlich Madonna Lisa, bedeutet »Frau Lisa«.

[2]**Mọna:** Kurzform von ▸ Monika und ▸ Ramona.

Mọni: Kurzform von ▸ Monika.

Mọnia: ▸ Monja.

Mọnifa: aus Nigeria, bedeutet in der Yoruba-Sprache »ich habe mein Glück«.

Mọnika, (auch:) Mọnica: wohl punische Herkunft, Bedeutung unklar.

Monịque: französische Form von ▸ Monika.

Mọnja: russische Koseform von Marija (▸ Maria) und anderen Namen.

Moreen: Schreibvariante von ▸ Maureen.

Die schönsten Mädchennamen mit der Bedeutung »fröhlich«

Aliza (»die Fröhliche«) • Allegra (»fröhlich, heiter«) • Aspasia (»willkommen, freudig«) • Candida (»heiter, rein, ehrlich«) • Farah (»Freude, Heiterkeit, Glück«) • Hilary (»heiter, fröhlich«) • Ilaria (»heiter, fröhlich«) • Joy (»Freude«) • Lätizia (»Freude, Fröhlichkeit«) • Merry (»lustig, fröhlich«) • Ronit (»singen, jubeln«) • Serena (»heiter, hell, leuchtend«) • Sunny (»sonnig«)

Morena: weibl. Form von Moreno: aus dem Italienischen, geht zurück auf moreno, -a »braun«.

Muna: zu arab. muna »Hoffnung, Wunsch«.

Muriel: aus dem Englischen, keltischer (bretonischer/irischer) Ursprung (vgl. den irischen Namen Muirgheal, zusammengesetzt aus muir »die See« und geal »glänzend«).

Mylène [miˈlɛn], (eingedeutscht:) Mylene: aus dem Französischen, entstanden durch Zusammenziehung von Marie-Hélène (▸ Maria, ▸ Helene).

Myra [ˈmaɪərə]: geprägt vom englischen Dichter Fulke Greville, möglicherweise gebildet als Anagramm von ▸ Mary, als vereinfachte Form von ▸ Myrrha oder zu lat. mīrāri »bewundern«.

Myriam: ▸ Mirjam.

Myrrha, (auch:) Myrra: zu griech. mýrra »Myrrhe«, ein wohlriechendes Harz. In Ovids »Metamorphosen« liebt Myrrha ihren eigenen Vater. Sie wird von den Göttern in einen Myrrhenbaum verwandelt, aus dessen Stamm Adonis geboren wird.

Myrta, (auch:) Myrtha; Myrte; Myrthe: identisch mit dem Pflanzennamen, zu griech. mýrtos »Myrte«.

N

Nabila: weibl. Form von Nabil: zu arab. nabīl »edel, ehrenwert«.

Nadia: ▸ [1]Nadja, ▸ [2]Nadja.

Nadine, (auch:) Nadina: französische Weiterbildung von ▸ [1]Nadja.

Nadira: weibl. Form von Nadir: zu arab. nādir »selten, kostbar«.

[1]Nadja, (auch:) Nadia; Nadya: aus dem Russischen, Kurzform von ▸ Nadjeschda.

[2]Nadja, (auch:) Nadia; Nadya: zu arab. nadan »Morgentau« oder »Großzügigkeit«.

Nadjana: Weiterbildung von ▸ [1]Nadja.

Nadjeschda: zu russ. nadežda »Hoffnung«.

Nadya: ▸ [1]Nadja, ▸ [2]Nadja.

Naima: weibl. Form von Naim: zu arab. na'īm »sorglos, glücklich«.

Naja: aus Grönland, Bedeutung »kleine Schwester«.
Nana: französische Koseform von ▸ Anna.
Nancy [ˈnænsɪ]: aus dem Englischen, Koseform (Lallform) von Anne (▸ Anna).
Nanna, (auch:) Nanne: aus der Kindersprache stammende Lallform von ▸ Anna und anderen Vornamen.
Nannette, (auch:) Nanette; Nanett: französische Koseform von Anne (▸ Anna).
Nanni: Koseform von ▸ Nanna.
Nannina: Erweiterung von ▸ Nanna, auch italienische Koseform von ▸ Giovanna.
Nanny: Variante von ▸ Nanni oder englische Koseform [ˈnænɪ] von ▸ Ann.
[1]**Naomi:** englische Form von ▸ Noemi.
[2]**Naomi:** zu japan. nao »Ehrlichkeit« + japan. mi »Schönheit«.
Nastasja, (auch:) Nastasia; Nastassja: aus dem Russischen, Kurzform von ▸ Anastasia.
Nastja: Kurzform von ▸ Nastasja.
Natali: verkürzte Form von ▸ Natalie.
Natalie, (auch:) Natalia; Nathalie: Bedeutung »die am Geburtstag Christi (Weihnachten) Geborene«, zu lat. [diēs] nātālis »[Tag der] Geburt«, womit zunächst das heidnische Fest natalis Solis invicti gemeint war, der Geburtstag des unbesiegten Sonnengottes; frühestens seit dem 4. Jh. wurde der Name auch auf das Fest von Christi Geburt bezogen.
Natalina: italienische Koseform von ▸ Natalie.

Die schönsten Mädchennamen mit der Bedeutung »Glück, glücklich«

Ananda (»Glück, Freude«) • Batseba (»Tochter der Fülle, des Glücks«) • Beatrix (etwa »die glücklich Machende«) • Gioia (»Freude«) • Fayola (»Glück geht einher mit Ehre«) • Felizitas (»Glück, Glückseligkeit«) • Fortuna (»Schicksal, Glück«) • Monifa (»Ich habe mein Glück«) • Noemi (»Freude«) • Rowena (»Ruhm« + »Freude«) • Sevinç (»Freude«) • Yamina (»rechter Hand, glücklich«)

Natạlja: russische Form von ▸ Natalie.
Natạnja: russische Koseform von ▸ Natalja.
Natạscha: aus dem Russischen, Koseform von Natalja (▸ Natalie).
Nathalie: ▸ Natalie.
Navina: indischer Ursprung, »die Neue«.
Nẹle, (auch:) Neele; Nẹla: niederdeutsch-friesische Kurzform von ▸ Cornelia.
Nẹlla: Kurzform von ▸ Cornelia, ▸ Petronella und italienischen Namen auf »-nella« (z. B. ▸ Antonella, ▸ Ornella).
Nẹlli: Kurzform von ▸ Cornelia, ▸ Petronella.
Nẹlly: Schreibvariante von ▸ Nelli oder englische Lallform aus der Kindersprache von Helen (▸ Helene) oder Elinor (▸ Eleonore).
Nena: Lallform aus der Kindersprache zu verschiedenen Vornamen, z. B. im Italienischen von Maddalena (▸ Magdalena). Im Spanischen tritt Nena (span. nẹna »kleines Mädchen«) nicht als Vorname auf, sondern nur als kosende Anredeform im engsten Familienkreis (etwa wie dt. Püppi).
Nerina: zu lat. Nērīnē < griech. Nēréinē »Nereide«, gelegentlich auch weibl. Form von italien. Neri, einer Kurzform von Raineri (zu german. *ragina- »Rat, Beschluss [der Götter], Schicksal« + ahd. heri »Kriegsschar, Heer«).
Nịcki, (auch:) Nịki: Koseform von ▸ Nikola und ▸ Nicole.
Nịcky: Schreibvariante von ▸ Nicki, auch englisch.
Nicola, (auch:) Nịcola: aus dem Italienischen, identisch mit dem männl. Vornamen Nicola, der italien. Form von Nikolaus (▸ Nikola).
Nicọle: weibl. Form von Nicolas [nɪkɔˈla], der französischen Form von Nikolaus (▸ Nikola).
Nicolẹtta: italienische Koseform von ▸ Nicola.
Nicolẹtte: französische Koseform von ▸ Nicole.
Nicolina: italienische Koseform von ▸ Nicola.
Nicolịne: französische Koseform von ▸ Nicole.
Nike: geht zurück auf griech. Nike, die Göttin des Sieges, zu griech. níkē »Sieg«.
Nịki: ▸ Nicki.
Nikola: weibl. Bildung zu Nikolaus: griech. Nikólaos, zu griech. níkē »Sieg« und laós »Volk, Kriegsvolk«.

Nikoletta: ▸ Nicoletta.
Nikolette: ▸ Nicolette.
Nikolina: ▸ Nicolina.
Nikoline: ▸ Nicoline.
Nina: vor allem russische Herkunft, bezieht sich möglicherweise auf die heilige Nina (auch: Nino), die als die Missionarin Georgiens auch unter dem Namen Christiana (wohl nur ihr Beiname: »die Christin«) verehrt wird. Ihr Name ist die weibl. Form des griechisch-assyrischen Namens Nínos. So hieß der sagenhafte Gründer der Stadt Ninive. Heute ist Nina eher Koseform; im Russischen vor allem zu ▸ Anna oder ▸ Antonina, im Italienischen zu ▸ Giovannina oder anderen Namen auf »-nina«.
Ninette: französische Koseform von ▸ Nina.
Ninon [niˈnõ]: französische Koseform von ▸ Nina.
Noa: aus der Bibel, zu hebr. no'ā »Bewegung«. Im Alten Testament ist Noa eine Tochter Zelofhads.
Noelle [noˈɛl]: weibl. Form von Noel: zu französ. Noël »Weihnachten«.
Noemi, (überkonfessionelle Form:) Noomi: zu hebr. no'am »Freude«. Nach der Bibel war Noemi die Schwiegermutter der Ruth. Nach dem Tod ihres Mannes änderte sie ihren Namen in ▸ ²Mara (hebr. »bitter«) um.
Nora: Kurzform von Eleonora (▸ Eleonore).
Noriko: zu japan. nori »Gesetz« + japan. ko »Kind«.
Norina: italienische Koseform von ▸ Nora.
Norita: spanische Koseform von ▸ Nora.
Norma: geht zurück auf Norma, die Hauptgestalt in Bellinis gleichnamiger Oper. Der Name wurde von dem Autor des Librettos, F. Romani, geprägt.
Nuala [njuˈæla]: Koseform des irischen Namens Fionn(g)uala (▸ Fenella).
Nurgül: türkische Herkunft, zu arab./türk. nur »Licht« + pers./türk. gül »Rose«: »Lichtrose«.
Nuria: aus dem Spanischen, geht zurück auf ein Marienheiligtum in Katalonien, wo ein Muttergottesbild (katalan. »la Mare de Déu de Núria« = die Gottesmutter von Nuria) verehrt wird.
Nurit: zu neuhebr. nurit »Ranunkel, Hahnenfuß«.

O

Oceana, (auch:) Oceane; Ozeana: weibl. Bildung zu lat. Ōceanus, griech. Ōkeanós. Nach der griechischen Sage ist Ōkeanós der Gott des die Erdscheibe umströmenden Weltmeers.

Octavia, (auch:) Oktavia: weibl. Form von Octavius: lateinischer Ursprung, geht zurück auf einen römischen Geschlechternamen, der wiederum auf dem alten Vornamen Octāvus (lat. »der Achte«) beruht. Mit Octavus wurde ursprünglich ein im achten römischen Monat geborener Knabe benannt.

Oda: alter deutscher Vorname, verselbstständigte Kurzform von Zusammensetzungen mit »Ot-«, zu ahd. ōt »Besitz, Reichtum« als erstem Bestandteil. Bekannter als die ursprünglich altsächsische Namensform Oda ist die hochdeutsche Form ▸ Ute (ahd. Uota, Uoda).

Odette: aus dem Französischen übernommene Koseform von ▸ Oda.

Odile: französische Form von ▸ Odilia.

Odilia, (auch:) Odilie: alter deutscher Vorname, latinisierte Form von ahd. Odila, Otila, einer Koseform von ▸ Oda.

Odina, (auch:) Odine: Weiterbildung von ▸ Oda oder weibl. Form von Odin: nach der höchsten Gottheit der nordgermanischen Mythologie, altnord. Óðinn, wahrscheinlich zu óðr »rasend«.

Oktavia: ▸ Octavia.

Olesja: russische Koseform von ▸ Olga.

Olga: aus dem Russischen, geht zurück auf den nordischen Namen ▸ Helga. Der nordische Name gelangte mit den Warägern (Normannen) nach Russland.

Olimpia: ▸ Olympia.

Olina, (auch:) Oline: weibl. Bildung zu Ole: Kurzform von Namen, die mit »Ul-« (zu ahd. uodal »Erbgut, Heimat«) gebildet sind (z. B. Ulrich), oder dänische/norwegische Kurzform von Olaf (zu altnord. Ōlāfr, etwa »Nachkomme des Urahns«). Auch Kurzform von Namen, die auf »-olina« bzw. »-oline« enden (z. B. ▸ Carolina/Caroline).

Olivia, (auch:) Oliva: zu lat. olīva »Ölbaum; Ölzweig, Olive«.

Olympia, (auch:) Olimpia: griechischer Ursprung, geht zurück auf den Ortsnamen Olympía, die Stätte der Olympischen Spiele.

Ophẹlia: wurde wahrscheinlich geprägt von I. Sannazzaro für eine Gestalt seines Schäferromans »Arcadia« zu griech. ōphelía »Hilfe«.

Oria̲na, (auch:) Oria̲ne: geht zurück auf die gleichnamige Gestalt in dem spätmittelalterlichen spanischen Ritterroman »Amadís de Gaula«, Herkunft umstritten (vielleicht zu lat. aurum »Gold« oder zu lat. orīrī »sich erheben; aufgehen«).

Ornẹlla: von G. D'Annunzio für eine Gestalt seiner Tragödie »La figlia di Iorio« in Anlehnung an italien. ornello »Esche« geprägt.

Otti̲lie, (auch:) Otti̲lia: Nebenform von ▸ Odilia/Odilie.

Oxa̲na: russische und ukrainische Form von Xenia, vgl. ▸ Axinja.

Ozea̲na: ▸ Oceana.

P

Pạdma: zu sanskrit. padma »Lotus«, Beiname der Göttin Lakschmi.

Palo̲ma: zu span. paloma »Taube«, nach einem Beinamen der Gottesmutter (»Virgen de la Paloma«: »die [heilige] Jungfrau von der Taube«).

Pame̲la: aus dem Englischen, wohl eine Neuprägung von Philip Sidney für eine Gestalt seines Romans »Arcadia«, erster Namenbestandteil zu griech. pān »all, ganz«, zweiter möglicherweise u.a. zu griech. mélas »schwarz« oder zu griech. méli »Honig«, vom englischen Dichter Samuel Richardson für die Heldin seines Romans »Pamela« übernommen.

Die schönsten Mädchennamen mit religiöser Bedeutung

Batya (»Tochter Gottes«) • Dalia (»Gott hat Großes getan«) • Dorothea (»Gottesgeschenk«) • Elisabeth (»Gott ist Fülle, Vollkommenheit«) • Jessica (»Er [Gott] schaut hervor«) • Jiska (»Jahwe sieht«) • Johanna (»Gott ist gnädig«) • Maria (wahrsch. »Gottesgeschenk«) • Salvia (»erlöst in Gott«)

Pamina: Herkunft und Bedeutung unklar, bekannt durch die Pamina in Mozarts Oper »Die Zauberflöte«.
Paola: italienische Form von ▸ Paula.
Pascale: weibl. Form von Pascal: französische Form von lat. Paschalis (zu lat. pascha »Osterfest« über aramäisch pishā aus hebr. pesah).
Pascaline: Erweiterung von ▸ Pascale.
Pat [pæt]: englische Kurzform von ▸ Patricia.
Patricia: aus dem Englischen, weibl. Form von Patricius: geht zurück auf einen römischen Beinamen, zu lat. patricius, -a, -um »patrizisch, dem römischen Geburtsadel angehörig«.
Patrizia: weibl. Form von Patrizio, der italienischen Form von Patricius (▸ Patricia), oder Eindeutschung von ▸ Patricia.
Patsy [ˈpætsɪ]: englische Koseform von ▸ Patricia.
Patty [ˈpætɪ]: englische Koseform von ▸ Patricia.
Paula: weibl. Form von Paul(us): lateinischer Ursprung, geht zurück auf den römischen Beinamen Paul[l]us, zu lat. paul[l]us »klein«.
Paulette [poˈlɛt]: französische Koseform von ▸ Paula.
Pauline, (auch:) Paulina: Weiterbildung von ▸ Paula.
Pearl [pɘːl]: zu engl. pearl »Perle«.
Peggy: englische Koseform – eigentlich Lallform aus der Kindersprache – von Margaret (▸ Margarete).
Pelin: zu türk. pelin »Wermutpflanze, Beifuß«.
Penelope: griechischer Ursprung. In der »Odyssee« ist Penelope die Gemahlin des Odysseus, die ihm während seiner 20-jährigen Abwesenheit die Treue hält. Zwar sieht schon der Dichter der »Odyssee« einen Zusammenhang zwischen dem Namen Penelope und griech. pēnélops »Entenart mit buntem Hals«, doch ist der Name wohl älter und unbekannter Herkunft.
Penny: englische Koseform von ▸ Penelope.
Pepita: spanische Koseform von ▸ Josefa.
Petra: weibl. Form von Peter: aus der lateinischen Namensform Petrus. Petrus hieß eigentlich schime'on oder schim'on (Simon). Jesus gab ihm den aramäischen Beinamen kyph' (»Edelstein, Felsbrocken«), in griechischer

Umschrift Kēphā́s. Im Neuen Testament wurde dieser mit dem griechischen Namen Pétros, bezogen auf griech. pétra »Fels«, gleichgesetzt und als »Petrus« ins Lateinische übernommen.

Petronẹlla, (auch:) Petronịlla: zu lat. Petronilla, einer Weiterbildung von dem Namen Petronia, der seinerseits auf den alten römischen Geschlechternamen Petronius (von unbekannter, wahrscheinlich etruskischer Herkunft) zurückgeht.

Phẹbe: niederländische Form von ▸ Phöbe, auch englisch.

Phili̲ne, (auch:) Phili̲na: zu griech. phílos »lieb, geliebt, teuer«.

Philịppa: weibl. Form von Philipp: zu griech. Philippos, zu griech. phílos »Freund« und híppos »Pferd«, also etwa »Pferdefreund«.

Philippi̲ne, (auch:) Philippi̲na: weibl. Form von Philipp (▸ Philippa) mit der Endung »-ine«.

Philomẹla, (auch:) Philome̲le: zu griech. phílos »Freund« und wahrscheinlich mēlon »Schaf; Herde« oder mēlon »Apfel«, schon früh umgedeutet in mélos »Lied, Melodie«. Philomela wurde nach der griechischen Sage in eine Nachtigall verwandelt.

Die schönsten Mädchennamen mit verschiedenen positiven Bedeutungen

Akila (»intelligent«) • Ardita (»kühn, wagemutig«) • Aurora (»[Göttin der] Morgenröte«) • Clara (»hell, leuchtend, klar, berühmt«) • Désirée (»die Erwünschte, Ersehnte«) • Fadila (»moralische Vortrefflichkeit, Tugend«) • Gloria (»Ruhm«) • Halima (»die Milde, Geduldige«) • Irene (»Frieden«) • Laura (»Lorbeerbaum« = Symbol des Siegs) • Lois (»angenehm, wohlgefällig«) • Maéva (»willkommen«) • Malaika (»Engel« [in der Mehrzahl]) • Nike (= Göttin des Sieges) • Themba (»Hoffnung«) • Tikva (»Hoffnung«) • Valentia (»kräftig, stark, mächtig«) • Viktoria (»Sieg«)

Philomena, (auch:) Philomene; Filomena: zu griech. Philouménē; »eine, die geliebt wird«.

Phöbe, (auch:) Phoebe: zu griech. phoībos »glänzend, leuchtend, rein«. In der griechischen Sage ist Phöbe Beiname der Mondgöttin Artemis.

Phyllis: griechischer Ursprung, wohl zu griech. phýllon »[grünes] Blatt«. In der griechischen Mythologie tötet sich Phyllis, die Tochter des thrakischen Königs Sithon, selbst, weil ihr Geliebter Demophon zu lange fernblieb, und wird in einen Mandelbaum verwandelt.

Pia: weibl. Form von Pius: zu lat. pius, -a, -um »fromm, gottesfürchtig«.

Pilar: zu span. pilar »Pfeiler«, geht zurück auf die »Virgen del Pilar« (»die [heilige] Jungfrau von dem Pfeiler«).

Pina: italienische Kurzform von Namen, die auf »-pina« ausgehen, z. B. von ▸ Giuseppina.

Pippa: italienische Koseform – eigentlich Lallform aus der Kindersprache – von ▸ Philippa und Giuseppa (▸ Josefa).

Pirko: ungarische Koseform (Pirkó) von ▸ Piroska.

Piroschka: eindeutschende Schreibung des ungarischen Vornamens ▸ Piroska.

Piroska [ˈpiroʃkɔ]: ungarische Form von ▸ Prisca.

Pola: polnische Kurzform von ▸ Appolonia.

Polly: in der Kindersprache über ▸ Molly entstandene Koseform von Mary (▸ Maria).

Prisca, (auch:) Priska: lateinischer Ursprung, geht zurück auf einen römischen Beinamen (zu lat. prīscus, -a, -um »alt«).

Priscilla: lateinischer Ursprung, Verkleinerungsform von ▸ Prisca. Den Namen Priscilla (Prisca) trug eine Schülerin des Apostels Paulus.

Priska: ▸ Prisca.

Q

Quirina: weibl. Form von Quirinus: geht zurück auf den Namen eines alten römischen Gottes (lat. Quirīnus), wurde später zum Beinamen von Romulus, dem zum Gott erhobenen Gründer der Stadt Rom.

R

Rachel, (überkonfessionelle Form:) Rahel, engl. Aussprache: [reɪtʃəl]: zu hebr. rāḥel »Mutterschaf«. Nach der Bibel war Rachel, eine Tochter Labans, die zweite Frau Jakobs. Sie schenkte ihm zwei Söhne, Josef und Benjamin.

Rachele, (auch:) Rachela [raˈkɛle], [raˈkɛla]: italienische Form von ▸ Rachel.

Rae, (auch:) Raye [reɪ]: englische Kurzform von ▸ Rachel, zum Teil auch aufgefasst als weibl. Form von Ray [reɪ]: Kurzform von Raymond, der englischen Form von Raimund (▸ Ramona).

Rafaela: ▸ Raphaela.

Raffaela: italienische Variante von ▸ Raffaella.

Raffaella: italienische Form von ▸ Raphaela.

Rahel: ▸ Rachel.

Rahime: türkische Herkunft, weibliche Form von Rahim: Kurzform von arab. ʻabd er-Rahīm »Diener [Allahs,] des Gnädigen«.

Raika: Eindeutschung von ▸ Rajka oder Schreibvariante von ▸ Reika.

Raina: ▸ Reina.

Raissa, (auch:) Raisa: aus dem Russischen, vermutlich eine Ableitung von griech. rádios »leicht, mühelos«.

Rajka: ungarische und russische Koseform von ▸ Rachel, ungarische, slowenische und tschechische Koseform von Rajmunda (Raimonda), tschechische und russische Koseform von ▸ Raissa.

Ramona: weibl. Form von Ramón, der spanischen Form von Raimund: zu german. *ragina »Rat, Beschluss [der Götter], Schicksal« + german. *mundō »Schutz«.

Raphaela, (auch:) Rafaela: weibl. Form von Raphael, auch Rafael: aus der Bibel, hebräischer Ursprung, Bedeutung »Gott heilt«.

Raquel [raˈkɛl]: spanische Form von ▸ Rachel.

Raschida: weibl. Form von Raschid: zu arab. er-rashīd »der Rechtgeleitete; der Weise«.

Rea, (auch:) Rhea: geht zurück auf eine Gestalt der römischen Mythologie, Bedeutung unklar. Nach der römischen Sage war Rhea Silvia die Mutter von Romulus und Remus und somit Stammmutter der Römer.

Rebecca [rɪ'bɛkə]: englische Form von ▸ Rebekka.

Rebekka, (auch:) Rebecka: zu hebr. ribqā, vielleicht zu hebr. baqar »Rind«. Nach der Bibel war Rebekka die Frau Isaaks und die Mutter von Jakob und Esau.

Reena: ▸ Rena.

Regina, (auch:) Regine: zu lat. rēgīna »Königin«, kann auf die Himmelskönigin Maria bezogen sein oder aber den Wunsch der Eltern (das Mädchen möge schön, reich, glücklich wie eine Königin sein) ausdrücken.

Regula: lateinischer Ursprung, geht zurück auf den römischen Beinamen Regulus (lat. rēgulus »kleiner König, Häuptling, Fürst, Prinz«).

Reika, (auch:) Reike: verselbstständigte Kurzform von Namen, die mit altsächs. rīki »mächtig, gewaltig, reich« gebildet sind, auch Eindeutschung von ▸ Rajka.

Reina, (auch:) Raina: verselbstständigte Kurzform von Namen, die mit »Rein-« gebildet sind.

Rena, (auch:) Reena: Kurzform von ▸ Renate und ▸ Verena, auch friesische Kurzform von Namen, die mit »Rein-« beginnen (z. B. Reintraud).

Renate, (auch:) Renata: weibl. Form von Renatus (lat. renātus »wiedergeboren«).

Renée: französische Form von ▸ Renate.

Renette: Neubildung, Erweiterung von ▸ Rena mit der französischen Endung »-ette«.

Resi: Koseform von ▸ Therese.

Rhea: ▸ Rea.

Rhona: aus dem Englischen, Herkunft umstritten, möglicherweise in Anlehnung an Rona, eine Insel der Hebriden, oder eine weibl. Bildung zu engl. Ronald: schottische Ableitung des altnordischen Namens Rögnvaldr, der verwandt ist mit Reinold (zu german. *ragina- »Rat, Beschluss [der Götter], Schicksal« + ahd. -walt zu waltan »herrschen, walten«).

Ria: Kurzform von ▸ Maria.

Riana: Kurzform von ▸ Adriana.

Ribanna: Bedeutung unklar, bekannt durch Ribanna, die Geliebte Winnetous, in den Romanen Karl Mays.

Rica: Kurzform verschiedener Vornamen (z. B. ▸ Erica, ▸ Ricarda, ▸ Frederica).

Ricarda: weibl. Form von Ricardo, der spanischen Form von Richard (▸ Richarda), oder latinisierende weibl. Form von Richard.

Riccarda: weibl. Form von Riccardo, der italienischen Form von Richard (▸ Richarda).

Richarda: weibl. Form von Richard: alter deutscher Vorname, zu ahd. rīhhi »Herrschaft, Herrscher, Macht; reich, mächtig, hoch« + ahd. harti, herti »hart, kräftig, stark«.

Ricky: Koseform von ▸ Rike.

Rieke, (auch:) Rieka: ▸ Rike, auch Kurzform von ▸ Maricke.

Rike, (auch:) Rieke; Rika; Rieka: Kurzform von Namen, die auf »-rike« ausgehen, besonders von ▸ Friederike, ▸ Henrike und ▸ Ulrike.

Rilana: vielleicht eine Erweiterung von Rila, einer bulgarischen Kurzform von Kirila (wie Cyrillus zu griech. kýrios »Herr [Gott]«) oder Gabrila (▸ Gabriele).

Rima: zu lit. rimti »ruhig sein«.

Rina: Kurzform von Namen, die auf »-rina« ausgehen, z. B. von ▸ Katharina, ▸ Marina.

Rita: aus dem Italienischen, Kurzform von Margherita (▸ Margarete).

Rivka: neuhebräische Form von ▸ Rebekka, auch russische Koseform von ▸ Margarita und ▸ Rebekka.

Roberta, (auch:) Roberte: weibl. Form von Robert, der niederdeutschen Form von Rupert: alter deutscher Vorname, zu ahd. hruod »Ruhm« + ahd. beraht »glänzend«.

Robertine: weibl. Form von Robert (▸ Roberta) mit der Endung »-ine«.

Die schönsten Formen von Elisabeth

Bess, Bessy, Beth (englisch) • Betta (italienisch) • Bettina (italienisch) • Betty, Betsy (englisch) • Elisa (deutsch) • Elissa (englisch) • Eliza (englisch) • Ella (deutsch, englisch) • Else, Elsa (deutsch, italienisch) • Isabel, Isabella, Isabelle (spanisch, italienisch, französisch) • Libby (englisch) • Lilly (deutsch) • Lisa (deutsch) • Liz (englisch)

Robin, (auch:) Robyn: identisch mit dem männlichen Vornamen Robin, auch Robyn: englische Koseformen von Robert (▸ Roberta). Die zunehmende Verwendung als weibl. Vorname wurde auch durch engl. robin »Rotkehlchen« beeinflusst.

Rolanda, (auch:) Rolande: weibl. Form von Roland: geht zurück auf die altfranzösische Form des althochdeutschen Namens Hruodland (ahd. hruod »Ruhm« + ahd. lant »Land«).

Romaine [rɔˈmɛn]: weibl. Form von Romain [rɔˈmɛ̃], der französischen Form von Roman (zu lat. Rōmānus »Römer«).

Romana: weibl. Form von Roman(us), auch ital. Romano (zu lat. Rōmānus »Römer«)

Romea: weibl. Form von Romeo: italienischer Ursprung, geht zurück auf den römischen Beinamen Romaeus (zu griech. Rhṓmē »Rom«, Rhōmaīos »Römer«); bezeichnete in der Spätantike einen Bürger des [Ost- oder West]römischen Reiches und nahm im Spätmittelalter die Bedeutung »Rompilger« und schließlich überhaupt »Pilger« an.

Romi: ▸ Romy.

Romilda: aus dem Italienischen, germanischer Ursprung, zu ahd. hruom »Ruhm« + ahd. hiltja »Kampf«.

Romy, (auch:) Romi: Koseform – eigentlich Lallform aus der Kindersprache – von ▸ Rosemarie.

Rona: Schreibvariante von ▸ Rhona, Kurzform von ▸ Corona oder weibl. Bildung zu Ron, einer englischen Kurzform von Ronald (▸ Rhona).

Ronit: zu neuhebr. rānan »singen, jubeln«.

[1]**Ronja:** von Astrid Lindgren für eine Gestalt aus ihrem Buch »Ronja Räubertochter« nach dem Ortsnamen Juronjaure in Lappland geprägt.

[2]**Ronja:** russische Kurzform von ▸ Veronika, ▸ Roxana und anderen Vornamen.

[1]**Rosa,** (auch:) Rose: zu lat. rosa »Rose«. Rosa und Ros(e) kommen auch als Bestandteil von Doppelformen wie z. B. Rosemarie oder Roselies(e) vor.

[2]**Rosa:** Kurzform von ▸ Rosalinde, ▸ Rosamunde, ▸ Roswitha.

Rosalia, (auch:) Rosalie: italienische Herkunft, Entstehung nicht sicher geklärt, wahrscheinlich sizilianische Umbildung eines ursprünglich germanischen Namens, zu german. *hrōþi »Ruhm« in Anlehnung an lat. rosa »Rose«.

Rosalind: Variante von ▸ Rosalinde oder englischer Vorname literarischen Ursprungs, geprägt von Edmund Spenser als Anagramm des Namens seiner Geliebten (Rosa Daniel), später übernommen von Thomas Lodge für die Hauptgestalt eines Romans, den Shakespeare in seiner Komödie »Wie es euch gefällt« dramatisch bearbeitete.

Rosalinde, (auch:) Rosalinda; Roselinde: meist wohl eine Neubildung aus ▸ Rosa und ▸ Linde, gelegentlich aber auch Übernahme eines englischen Vornamens literarischer Herkunft (▸ Rosalind). Letztere Erklärung kommt auch für italien./span. Rosalinda infrage. Im romanischen Bereich ist darüber hinaus mit dem Fortleben eines Namens germanischen Ursprungs (wohl zu german. *hros »Ross« + german. *linta »Linde, Schild aus Lindenholz«) zu rechnen, wobei eine Umdeutung im Sinne von »reine Rose« (italien. lindo, -a »rein, sauber«) bzw. »schöne Rose« (span. lindo, -a »schön«) erfolgen konnte.

Rosamunde: Herkunft nicht sicher geklärt, wohl zu german. *rausa »daherstürmen, eilen« + german. *mundō »Schutz«, später umgedeutet in Anlehnung an lat. rosa munda »reine Rose« oder rosa mundi »Rose der Welt«, beides Titel der Jungfrau Maria.

Rosanna, (auch:) Rosanne: Doppelform aus ▸ [I]Rosa und ▸ Anna.

Rosaria: weibliche Form von Rosario: italienische Herkunft, zu mittellat. rosārium »Rosenkranz«, nach einem Beinamen der Gottesmutter (»Unsere Liebe Frau von dem Rosenkranz«).

Rose: ▸ [I]Rosa.

Rosella: italienische Koseform von ▸ [I]Rosa.

Rosemarie: Doppelform aus Rose (▸ [I]Rosa) und ▸ Marie.

Rosemary [roʊzmərɪ]: aus dem Englischen, zugrunde liegt die englische Pflanzenbezeichnung rosemary »Rosmarin«, häufig aber als Doppelform aus Rose (▸ [I]Rosa) und Mary (▸ Maria) aufgefasst.

Rosetta: italienische Koseform von ▸ [I]Rosa.

Rosi: Koseform von ▸ [I]Rosa.

Rosina: italienische Koseform von ▸ [1]Rosa.
Rosita: spanische Koseform von ▸ [1]Rosa.
Roswitha, (auch:) Roswita: alter deutscher Vorname, zu ahd. hruod »Ruhm« + altsächs. swīth[i] »stark«, mhd. swint »stark, heftig«.
Rowena: aus dem Englischen, zugrunde liegt vielleicht die latinisierte Form des altenglischen Namens Hrōðwyn (hreod »Ruhm« + wine »Freund« oder wynn »Freude«).
Roxana, (auch:) Roxane: zu altpersisch [awestisch] raoxšna »strahlend, glänzend«, später »Morgenröte«.
Roxanna, (auch:) Roxanne: Umbildung von ▸ Roxana in Anlehnung an ▸ Anna.
Rubina: englische oder italienische Herkunft; engl. Rubina entweder Ableitung von ▸ Ruby oder weibl. Form von engl. Rubin, einer Nebenform von Ruben (zu hebr. re'ūbēn, wohl »seht den Sohn!«); italien. Rubina nach dem Edelstein (zu italien. rubino »Rubin«).
Ruby: aus dem Englischen, zu engl. ruby »Rubin«.
Rufina, (auch:) Rufine: weibl. Form von Rufin: lateinischer Ursprung, geht zurück auf den römischen Beinamen Rufinus, eine Ableitung von Rufus, zu lat. rūfus, -a, -um »rothaarig, fuchsrot«.
Ruth, (überkonfessionelle Form:) Rut: aus der Bibel, hebräische Herkunft, Bedeutung wohl »Labsal, Erquickung«. Ruth war eine fromme Moabiterin, die nach dem Tod ihres Mannes ihre israelitische Schwiegermutter nicht verließ und als Ährenleserin die Liebe des reichen Boas gewann.

S

Sabeth: Kurzform von ▸ Elisabeth.
Sabine, (auch:) Sabina: lateinischer Ursprung, weibl. Form des römischen Beinamens Sabinus (»Sabiner, Bewohner des Gebirgslandes in Mittelitalien nordöstlich von Rom«).
Sabrina: aus dem Englischen, eigentlich Name der Nymphe des Flusses Severn in England.
Sabrine: französische Form von ▸ Sabrina.
Sadie ['seɪdɪ]: englische Koseform von ▸ Sara.
Safia, (auch:) Safiyya: zu arab. safīa »Vertraute, Freundin«.

Sai̲da: weibl. Form von Said: zu arab. sa'īd »glücklich«.
Sali̲ma, (auch:) Sạlma: weibl. Form von Salim: zu arab. sālim »sicher, unversehrt«.
Sạlka: polnische, bulgarische Koseform von ▸ Salome, russische Koseform von Salwija (zu lat. salvus »wohlbehalten, unversehrt«) oder nach der Titelgestalt des isländischen Romans »Salka Valka« von Halldór Kilijan Laxness.
Sạlly ['sælɪ]: englische Koseform – eigentlich Lallform aus der Kindersprache – von ▸ Sarah.
Sạlma: ▸ Salima.
Sa̲lome, (auch:) Salome̲a: aus der Bibel, griechische Form eines hebräischen, mit šālōm »Glück, Wohlergehen, Friede« gebildeten Namens. Bekannt ist der Name durch die Stieftochter des Herodes Antipas, die die Enthauptung Johannes' des Täufers forderte.
Sạlvia: zu lat. salvus, -a, -um »wohlbehalten, unversehrt«, wurde in frühchristlicher Zeit als »erlöst in Gott« aufgefasst.
Sạlwa, (auch:) Sạlua: zu arab. salwa »Trost«.
Samạntha, (auch:) Samạnta: aus dem Angloamerikanischen, geht zurück auf eine Neuprägung aus den amerikanischen Südstaaten; wohl eine Bildung zu Sam [sæm], einer englischen Kurzform von Samuel (Bedeutung nicht sicher, zu hebr. šemū'ēl »Gott ist El« oder »Gott ist erhaben« bzw. »Sein Name ist El«), mit einer an griech. ánthos »Blume, Blüte« angelehnten, auch in anderen zeitgenössischen Namen auftretenden Endung.
Sa̲mia: weibl. Form von Sami: zu arab. sāmi »erhaben«.
Sami̲na: am ehesten eine weibl. Bildung zu Sam (▸ Samantha) oder eine Erweiterung von ▸ Sammy.

Die schönsten Formen von Johanna

Gianna (italienisch) • Giovanna (italienisch) • Hanna, Hanne, Hanni (deutsch) • Iwana, Iwanka (russisch) • Jana (polnisch, tschechisch) • Jane, Janet (englisch) • Janna, Janne, Janni (deutsch) • Jean (englisch) • Jeanne, Jeannette (französisch) • Jenny (englisch) • Joan (englisch) • Juana, Juanita (spanisch)

Samira: weibl. Form von Samir: zu arab. samīr »abendlicher Gesprächspartner«.
Sammy: englische Koseform von ▸ Samantha.
Sandra: italienische Kurzform von Alessandra (▸ Alexandra), auch englisch.
Sandrina: italienische Koseform von ▸ Sandra.
Sandrine, französ. Aussprache: [sãˈdrin]: deutsche Variante von ▸ Sandrina.
Sandy [ˈsændɪ]: englische Koseform von ▸ Alexandra.
Sanna, (auch:) Sanne: Kurzform von ▸ Susanne.
Santa: weibl. Form von Santo: aus dem Italienischen, geht zurück auf einen römischen Beinamen, zu lat. sānctus, -a, -um »heilig, ehrwürdig, erhaben«, nahm in christlicher Zeit die Bedeutung »heilig, Gott geweiht« an.
Santana: spanischer Ursprung, im Spanischen kein Vorname, sondern ein geläufiger Familienname, der auf eine Herkunft aus dem häufigen Ortsnamen Santa Ana hinweist.
Santina: weibl. Form von Santino, einer italienischen Koseform von Santo (▸ Santa).
Saphira: aus der Bibel, zu aram. šappīrā' »die Schöne«.
Sara, (auch:) Sarah: zu hebr. śarā »Fürstin«. Nach der Bibel ist Sara, die Frau Abrahams, die Stammmutter Israels.
Sarai: zu hebr. śaray, ältere Form von ▸ Sara. Nach der Bibel trug die Frau Abrahams diesen Namen, bevor sie auf Gottes Geheiß in Sara umbenannt wurde.
Saralena: Doppelform aus ▸ Sara und ▸ Lena.
Sascha: russische Koseform von ▸ Alexandra.
Saskia: aus dem Niederländischen, weibl. Form eines mit »Sas-« (»Sachse«) gebildeten Namens.
Savanna, (auch:) Savannah [səˈvænə]: aus den USA, nach dem gleichlautenden Fluss- und Stadtnamen im Staat Georgia.
Scarlett, (auch:) Scarlet: aus dem Englischen, zu engl. scarlet »scharlach-, feuerrot«.
Schahin: zu pers. schahīn »königlich«.
Schakira: weibl. Form von Schakir.
Schirin: persischer Ursprung, Bedeutung »süß, bezaubernd, angenehm«. Schirin war die Geliebte des Sassanidenkönigs Chosrau Parwēz. Ihre unglückliche Liebe zu dem Bildhauer

und Baumeister Farhād wurde in der persischen Dichtung viel besungen.

Schulammit: ▸ Sulamith.

Sebastiane: weibl. Form von Sebastian: zu griech. sebastós »erhaben« oder zu griech. Sebastianós »Mann aus Sebaste«, Name mehrerer Städte im Orient.

Sebastina: weibl. Bildung zu Sebastian (▸ Sebastiane).

Selene, (auch:) Selena: griechischer Ursprung, nach der griechischen Mondgöttin Selēnē.

Selin: türkische Herkunft, Bedeutung »Wasserreichtum, reichlich fließendes Wasser«.

Selina: Variante von ▸ Celina, im Englischen auch von Selena (▸ Selene).

Seline: ▸ Selina.

[1]Selma: aus dem Englischen, geht zurück auf einen Ortsnamen in »The Works of Ossian« von James MacPherson.

[2]Selma: Kurzform von Anselma, der weibl. Form von Anselm: alter deutscher Vorname, zu german. *ans- »Gottheit« + ahd. helm »Helm«.

[3]Selma: türkische Form von ▸ Salima.

[1]Sema: weibl. Bildung zu Sem: biblische Herkunft, zu hebr. šēm »Name, guter Ruf, Ansehen«. Nach der Bibel war Sem der älteste Sohn Noahs.

[2]Sema: türkische Herkunft, Bedeutung »Himmel[sgewölbe]«.

Semiramis: geht zurück auf den Namen der legendären assyrischen Königin. Semíramis ist die griechische Form des Namens der historischen assyrischen Königin Šammu-Rāmat (assyrisch »mein Name sei erhaben«), mit der sie zum Teil gleichgesetzt wurde.

Senja: russische und slowenische Kurzform mehrerer Vornamen, z. B. von Arsenia (< griech. ársēn »männlich, stark«).

Senta: geht zurück auf die Gestalt der Senta in Richard Wagners Oper »Der fliegende Holländer«. Hinweise dafür, dass Wagners Namenprägung in Anlehnung an den vor allem in Bayern verbreiteten Vornamen ▸ Crescentia oder an ▸ Vinzentia erfolgte, finden sich nicht.

Serafina, (auch:) Serafine: ▸ Seraphine.

Seraphine, (auch:) Seraphina; Serafina; Serafine: weibl. Form von Seraphin, auch Serafin: geht zurück auf die kirchenlateinische Mehrzahlform Seraphīn (zu hebr. śārap »brennen«), mit der in der Bibel (beim Propheten Jesaja) die Engelsgestalten an Gottes Thron bezeichnet werden.

Serena: weibl. Form von Serenus: zu lat. serēnus, -a, -um »heiter, hell, leuchtend«.

Severa: lateinischer Ursprung, weibl. Form des römischen Beinamens Severus (lat. sevērus, -a, um »streng, ernst«).

Severine, (auch:) Severina: weibl. Form von Severin: lateinischer Ursprung, Weiterbildung von Severus (▸ Severa).

Sevil: zu türk. sevil »sei geliebt!«.

Sevinç [sɛˈvintʃ]: zu türk. sevinç »Freude«.

Shakira: englische Schreibweise von ▸ Schakira.

Shaleen [ʃəˈli:n]: Variante von Shalena, einer afroamerikanischen Neubildung mit der Vorsilbe »Sha-«.

Shalin, (auch:) Shalina; Shaline: deutsche Varianten von ▸ Shaleen.

Shalyn: ▸ Shaleen.

Shan: englische Schreibweise von walisisch ▸ Sian, gelegentlich auch als Kurzform von ▸ Shannon aufgefasst.

Shana: weibl. Bildung zum männl. Vornamen Shane (▸ Shane) oder Erweiterung von ▸ Shan.

Shane [ʃa:n]: identisch mit dem männl. Vornamen Shane: englische Schreibweise von Sean, der irischen Form von Johannes (▸ Jovana).

Shannon [ˈʃænən]: aus den USA, nach dem gleichlautenden Fluss in Irland, seit den 1980er-Jahren auch männl. Vorname.

Shara [ˈʃɛərə]: Koseform von ▸ Sharon.

Sharin [ˈʃɛərɪn]: englische Variante von ▸ Sharon.

Sharon [ˈʃærən]: aus dem Englischen, geht zurück auf einen in der Bibel genannten Landschaftsnamen, die Küstenebene Scharon (hebr. šārōn »Talebene«). Als »Rose von Scharon« wird in Salomos Hohem Lied die Geliebte bezeichnet.

Sheela [ˈʃi:lə]: aus dem Englischen entlehnte Variante von ▸ Sheila.

Sheena [ˈʃi:nə]: englische Schreibung von irisch Síne bzw. schottisch Sìne. Diese gälischen Namensformen sind, wie auch englisch ▸ Jane, aus altfranzös. Je(h)anne (Johanna) hervorgegangen.

Sheila ['ʃi:lə]: englische Schreibung des irischen Namens Síle, einer gälischen Form von ▸ Cäcilie.

Shelby: ursprünglich ein Familienname, dem ein englischer Ortsname zugrunde liegt.

Shelley ['ʃɛlɪ]: ursprünglich ein englischer Familienname nach einem Ortsnamen, der durch den romantischen Dichter Percy Bysshe Shelley bekannt ist; zunächst männl. Vorname, setzte sich später jedoch als weibl. Vorname durch.

Sheryl: ▸ Cheryl.

Shirin: englische Schreibweise von ▸ Schirin.

Shiva: persische Herkunft, Bedeutung »beredt, bezaubernd«.

Shoshanna: ▸ Susanne.

Sian [ʃan]: walisische Form von ▸ Jane.

Sibylle, (auch:) Sibilla; Sibille; Sibylla; Sibyll; Sybille: aus dem Lateinischen, geht zurück auf griechisch Síbylla, den Namen einer Seherin in Kleinasien, der später auf andere Seherinnen übertragen wurde.

Sidney, (auch:) Sydney: entweder identisch mit dem männl. Vornamen Sidney, auch Sydney: ursprünglich englischer Familienname nach einem französischen Ortsnamen (Saint-Denis); oder durch Zusammenziehung entstandene Form von englisch Sidony (▸ Sidonie).

Sidonie, (auch:) Sidonia: lateinischer Ursprung, Bedeutung »Frau aus Sidon«; Sidon, jetzt Saida, war im Altertum eine phönizische Handelsstadt im Libanon.

Siegrid: deutsche Schreibvariante von ▸ Sigrid.

Siegrun, (auch:) Sigrun; Sigrune: alter deutscher Vorname, zu ahd. sigu »Sieg« + ahd. rūna »Geheimnis, geheime Beratung«. Eine Gestalt der nordischen Sage ist die Walküre Sigrun.

Die schönsten Mädchennamen aus der griechischen Mythologie

Ariadne • Athena • Cassiopeia • Chloe • Cynthia • Daphne • Delia • Desdemona • Doris • Hero • Irene • Iris • Kassandra • Kora • Leda • Oceana • Penelope • Philomela • Phöbe • Phyllis • Selene • Talia

Siena: niederländische Kurzform von Namen, die auf »-sina« ausgehen (z. B. ▸ Josina).
Siggi, (auch:) Sigi: Koseform von Namen, die mit »Sieg-«, »Sig-« gebildet sind (z. B. Sieglinde, ▸ Sigrid).
Sigrid: nordische Herkunft, zu altnord. sigr »Sieg« + fríðr »schön«.
Sigrun, (auch:) Sigrune: ▸ Siegrun.
Silja: friesische, schwedische und finnische Kurzform von Cäcilia (▸ Cäcilie).
Silke, (auch:) Silka; Sylke; Sylka: niederdeutsch-friesische Koseform von ▸ Cäcilie.
Silva: Nebenform von ▸ Silvia oder Kurzform von ▸ Silvana.
Silvana, (auch:) Sylvana: weibl. Form von Silvano, der italienischen Form von Silvan: lateinischer Ursprung, geht zurück auf Silvanus, den Namen des altrömischen Gottes des Waldes, des Feldes und der Herden, zu lat. silva »Wald«.
Silvia, (auch:) Sylvia: weibl. Form von Silvius: lateinischer Ursprung. In der altrömischen Sage ist Silvius ein Sohn des Äneas, von dem die Könige von Alba Longa und die Vestalin Rhea Silvia (▸ Rea) abstammen.
Silviana: weibl. Form von Silvian: geht zurück auf lat. Silvianus, eine Ableitung von Silvius (▸ Silvia).
Silvie: ▸ Sylvie.
Silvina: italienische Koseform von ▸ Silvia.
Simona: weibl. Form von Simon: aus der Bibel übernommen, geht als griechischer Name zurück auf griech. simós »stumpf-, plattnasig«, als jüdischer Name dagegen griechisch beeinflusste Schreibung von Simeon (hebr. šimʻōn, in der Bibel volksetymologisch erklärt als Ausspruch Leas »weil der Herr hörte[, dass ich gehasst werde]«). In der Bibel ist Simon der ursprüngliche Name des Apostels Petrus.
Simone: weibl. Form von Simon (▸ Simona).
Simonetta: italienische Koseform von ▸ Simona.
¹Sina: Kurzform von Namen, die auf »-sina« ausgehen (z. B. ▸ Rosina, ▸ Teresina).
²Sina, (auch:) Sinah [ˈsɪnə]: aus dem Englischen, wohl Varianten von Sine, einer gälischen Form von Johanna (vgl. ▸ Sheena).
Sindy: ▸ Cindy.

Sinja: russische Koseform verschiedener Namen, z. B. von Sinaida, einer weiblichen Form von Zeno: griech. Zḗnōn, Kurzform von griechischen Männernamen wie Zēnódotos »Geschenk des Zeus«.

Sinje: Variante von ▸ Sinja, auch friesische Koseform von Namen, die auf »-sine« enden.

Siri: nordische Variante von ▸ Sigrid.

Sirid: nordische Variante von ▸ Sigrid.

Sirke: weibl. Form von Sirko: durch Zusammenziehung entstandene niederdeutsch-friesische Form von Sigerik (altsächs. sigi »Sieg« + altsächs. rīki »mächtig, gewaltig, reich«).

Siska: schwedische Kurzform von ▸ Franziska.

[1]**Sissy,** (auch:) Sissi; Sisi: Koseform (eigentlich Lallform aus der Kindersprache) von ▸ Elisabeth oder ▸ Cäcilie.

[2]**Sissy:** englische Koseform von Cecily (▸ Cäcilie).

[1]**Sita:** zu sanskrit. sītā »Furche«. Sita ist die Göttin des Ackerbaus und die Gattin Ramas.

[2]**Sita:** Kurzform von Namen, die auf »-sita« ausgehen (z. B. ▸ Rosita).

Sitta, (auch:) Sittah: arabischer Ursprung, Bedeutung »Herrin«.

Siv, (auch:) Siw: nordische Herkunft, geht zurück auf altnord. sif (»Braut, Gattin«, vgl. dt. Sippe). So heißt in der nordischen Mythologie die Gattin des Gottes Thor.

Smilla: nach der Titelfigur des dänischen Romans »Fräulein Smillas Gespür für Schnee« von P. Høeg; in der Familie des Autors aus dem grönländischen Namen Millaaraq »die ein wenig summt« unter Anlehnung an dän. smil »Lächeln« neu gebildet.

Sofia: ▸ Sophia.

Sofie, (auch:) Sofie: ▸ Sophia.

Solveig: zu altnord. salr »Saal, Haus«; Herleitung des zweiten Namenbestandteils umstritten, vielleicht zu altnord. víg »Kampf« oder zu isländ. veig »Kraft«.

Sonja, (auch:) Sonia; Sonya: russische Koseform von ▸ Sophia.

Sonya: ▸ Sonja.

Sophia, (auch:) Sofia; Sophie; Sofie; Sophie; Sofie: zu griech. sophía »Weisheit«.

Sophy: Kurzform von ▸ Sophia, auch englisch.

Soraya, (auch:) Soraja: arab. ath- thuráyyā »die Plejaden«, zu arab. thariya »reichlich vorhanden sein«, nach der großen Anzahl dieser Sterne auf kleinem Raum.
Stefanie, (auch:) Stefani; Stefanie; Stefania: ▸ Stephanie.
Steffi, (auch:) Steffie: Kurzform von ▸ Stephanie.
Stella: zu lat. stēlla »Stern«.
Stephanie, (auch:) Stefanie; Stephanie; Stefanie; Stephania; Stefania: weibl. Form von Stephan, auch Stefan: zu griech. stéphanos »Kranz, Krone«.
Stine, (auch:) Stina: Kurzform von Namen, die auf »-stine« enden, meist von ▸ Christine.
Sue [su:]: englische Kurzform von Susan (▸ Susanne).
Sulamith, (überkonfessionelle Form:) Schulammit: aus der Bibel, zu hebr. šūlammīt »Mädchen aus Schulem, einem unbekannten Ort«. Sulamith ist im Hohen Lied Salomos der Name der Braut.
Suleika, (auch:) Zuleika: arabische Herkunft, Bedeutung unklar. In der islamischen Tradition ist Suleika die Frau des Potiphar, die versucht, Joseph (arabisch Yussuf) zu verführen. Als sie die Vergeblichkeit ihres Bemühens einsieht, bekehrt sie sich zum Islam.
Sunita: wahrscheinlich zu sanskrit. su- »gut« + sanskrit. nīta »geführt, geleitet«, etwa »von gutem Betragen«.
Sunny [ˈsʌnɪ]: zu engl. sunny »sonnig«.
Susan [ˈsu:zn]: englische Form von ▸ Susanne.
Susana [suˈsana]: spanische Form von ▸ Susanne.
Susann: ▸ Susanne, auch englisch.
Susanna: ▸ Susanne, auch englisch und italienisch.
Susannah [su:ˈzænə]: englische Schreibvariante von ▸ Susanna.
Susanne, (auch:) Susanna; Susann: zu hebr. šōšannā »Lilie«. In den Apokryphen wird die Geschichte von der keuschen Susanna erzählt, die von zwei lüsternen Ältesten im Bade überrascht wird und, als sie sich weigert, ihnen zu Willen zu sein, von ihnen verleumdet und unschuldig zum Tode verurteilt wird. Der junge Daniel überführt die falschen Zeugen und rettet Susanna.
Suse: Kurzform von ▸ Susanne.
Susi, (auch:) Susy: Koseform von ▸ Susanne. Die Namensform Susy ist auch englisch.

Suzan: ['su:zn]: englische Schreibvariante von ▸ Susan.
Suzanne [sy'zan]: französische Form von ▸ Susanne.
Svea: verkürzt aus älterem schwed. Svea-rike (heute Sverige) »Schweden«.
Svende: deutsche Variante von nordisch Svenda, einer weibl. Neubildung zu Sven (▸ Svenja).
Svenja, (auch:) Svenia; Svenje; Swenja: wahrscheinlich entstanden als weibl. Bildung zu Sven: zu altnord. sveinn »junger Mann«.
Svetlana: ▸ Swetlana.
Swenja: ▸ Svenja.
Swetlana, (auch:) Svetlana: zu russ. swetlyj »hell«.
Sybille: (auch:) Sybilla: sprachlich unrichtige, aber häufig gebrauchte Nebenform von ▸ Sibylle.
Sydney: ▸ Sidney.
Sylva: ▸ Silva.
Sylvana: ▸ Silvana.
Sylvi: schwedische und finnische Kurzform von ▸ Silvia.
Sylvia: sprachlich unrichtige, aber häufig gebrauchte Schreibweise von ▸ Silvia.
Sylviana: ▸ Silviana.
Sylviane: französische Form von ▸ Silviana.
Sylvie: französische Form von ▸ Silvia.
Sylvina: ▸ Silvina.

T

Tabea, (auch:) Thabea: von Luther eingeführte Form des biblischen Namens Tabitha.
Tabitha, (überkonfessionelle Form:) Tabita: aus dem Aramäischen (»Gazelle«).
Taja: serbische, kroatische Kurzform von Tatjana (▸ Tatiana).
Tajana: Erweiterung von ▸ Taja.
Tale, (auch:) Thale; Talea; Thalea: niederdeutsch-friesische und niederländische Koseform von ▸ Adelheid, wobei das anlautende »T-« einen Rest des sächlichen Artikels dat/het darstellt. (Die Namen unverheirateter Frauen wurden früher in vielen Gebieten sächlich behandelt.)
Talena: Erweiterung von ▸ Tale.

Talia: Schreibvariante von ▸Thalia, auch Eindeutschung von ungar. Tália oder span. Talía.

Talida: niederdeutsch-friesische Bildung zu ▸Tale oder Schreibvariante von ▸Talitha.

Talina, (auch:) Taline; Thalina: Weiterbildung von ▸Tale.

[1]**Talisa,** (auch:) Talissa; Thalisa: Erweiterung von ▸Tale.

[2]**Talisa,** (auch:) Talissa: afroamerikanische Herkunft, Umbildung von ▸Lisa mit der Vorsilbe »Ta-«.

Talitha, (auch:) Talita: biblischer Ursprung, Bedeutung »Mädchen, Tochter«. In der Bibel ist dies kein Name, sondern Talitha kumi »Mädchen, steh auf« sind die aramäischen Worte, die Jesus zur Tochter des Jairus sprach und mit denen er sie vom Tode erweckte.

Tamar, (auch:) Thamar: aus der Bibel, zu hebr. tāmār »Dattelpalme« als Symbol für Schönheit und Anmut.

Tamara: russische Form von ▸Tamar.

Tamina: weibl. Form von Tamino: Herkunft und Bedeutung unklar. Der Name Tamino ist durch eine Gestalt in Mozarts Oper »Die Zauberflöte« (1791) bekannt.

Tamira: Variante von ▸Tamar.

Tana: Kurzform von ▸Tatiana.

Tania: ▸Tanja.

Tanita, (auch:) Tanitha: Neubildung zu Tanit (eigentlich: Tinnit), dem Namen der Hauptgöttin von Karthago, vielleicht auch moderne Erweiterung von ▸Tana, ▸Tanja.

Tanja, (auch:) Tania; Tanya: aus dem Russischen, Koseform von ▸Tatjana.

[1]**Tara:** zugrunde liegt ursprünglich ein irischer Ortsname (mit der Bedeutung »Hügel«). Tara ist der Name der Plantage, die eine zentrale Rolle in M. Mitchells Roman »Vom Winde verweht« spielt.

[2]**Tara:** zu sanskrit. tārā »Stern«.

Tatiana: weibl. Bildung zu dem spätantiken römischen Beinamen Tatianus, einer Weiterbildung zu Tatius. So hieß ein König der Sabiner, der später Mitregent des Romulus wurde.

Tatjana: russische Form von ▸Tatiana.

Tea: ▸Thea.

Tekla: ▸Thekla.

Teres: ▸Theresa.

Teresa: italienische und spanische Form von ▸ Theresa.

Terese: ▸ Theresa.

Teresina: italienische Koseform von Teresa (▸ Theresa).

Terzia: weibl. Form des römischen Beinamens Tertius (lat. tertius, -a, -um »der/die/das Dritte«). Der Beiname beruht wiederum auf einem alten, aus Oberitalien stammenden lateinischen Vornamen (Praenomen) gleicher Bedeutung. Anders als in Rom selbst ist dort die Sitte, die Kinder in der Reihenfolge ihrer Geburt zu nummerieren, schon bei der vorrömischen Bevölkerung nachweisbar.

Tess, (auch:) Tessa; Tessy: englische Koseformen von Theresa (▸ Therese).

Thale, (auch:) Thalea: ▸ Tale.

Thalia, (auch:) Talia: lateinische Form von griech. Tháleia (zu griech. thallō »blühen«). So hieß in der griechischen Mythologie die Muse der Komödie und eine der drei Göttinnen der Anmut und des Frohsinns.

Thalina: ▸ Talina.

Thamar: ▸ Tamar.

Thea, (auch:) Tea: Kurzform von ▸ Dorothea und ▸ Theodora.

Thekla, (auch:) Tekla: geht zurück auf die heilige Märtyrerin Thekla, nach der Legende eine Gefährtin des heiligen Paulus.

Themba: aus Südafrika, bedeutet in der Tsonga-Sprache »Hoffnung«.

Theodora, (auch:) Theodore: weibl. Form von Theodor: zu griech. theós »Gott« und dōron »Geschenk, Gabe«, also »Gottesgeschenk«.

Theresa, (auch:) Therese; Theresia; Theres; Teresa; Terese; Teres: wohl zu griech. thḗr »[jagdbares] Tier«, also etwa »Jägerin«, wurde später mit den Kykladeninseln Thera, heute Santorin, oder Therasia, Nebeninsel von Santorin, in Verbindung gebracht und als »Einwohnerin von Thera/Therasia« erklärt.

Thérèse [teˈrɛːz]: französische Form von ▸ Therese.

Theresia: ▸ Theresa.

Thessa, (auch:) Thesi; Thessi; Thessy: Kurzform von Theresa.

Thilde, (auch:) Tilda; Tilde: Kurzform von ▸ Mathilde oder ▸ Klothilde.

Thora: ▸Tora.
Thorid: ▸Torid.
Thorild: ▸Torild.
Thorina: ▸Torina.
Thurid: ▸Turid.
Thyra, (auch:) Tyra: nordische Herkunft, latinisierte Form des dänischen Namens Thyre (altnord. *Þyrwi; der erste Bestandteil ist eine umgelautete Form von Þur- »Thor«, dem Donnergott, die Herkunft des zweiten Bestandteils ist umstritten).
Tia: Kurzform von Namen, die auf »-tia« enden (z. B. ▸Laetitia).
Tiana: Kurzform von ▸Christiane, auch Christiana, Kristiane.
Tiara: zu engl. tiara »Diadem, Stirnreif [für Damen]«.
Tietje: friesische Koseform von Namen, die mit »Diet-« gebildet sind.
Tiffany, (auch:) Tiffani ['tıfənı]: aus dem Englischen, geht zurück auf griech. Theophania (griech. theós »Gott« + phaínein »erscheinen«). Der Name bezieht sich auf das Fest der Epiphanie, das an das Erscheinen Gottes in Menschengestalt erinnert.
Tikva, (überkonfessionelle Form:) Tikwa: zu hebr. tikvā »Hoffnung«. Im Alten Testament ist Tikwa der Name zweier männlicher Gestalten.
Tilde, (auch:) Tilda: ▸Thilde.
Tilli, (auch:) Tilly: Koseform von ▸Mathilde oder ▸Ottilie.
Timea: zu ungar. Tímea, Neubildung des Schriftstellers Mór Jókai (vielleicht als verkürzte Form des griechischen Namens Euthymia zu griech. eu »gut« + griech. thymós »Gemüt«) für eine Gestalt seines Romans »Ein Goldmensch« .
Tina, (auch:) Tine: Kurzform von Namen, die auf »-tina/-tine« ausgehen, z. B. Christina (▸Christine), ▸Bettina und ▸Martina, auch englisch.
Tine: ▸Tina.
Tita: Koseform – eigentlich Lallform aus der Kindersprache – verschiedener Namen, besonders von ▸Christa und ▸Chris-

tina, oder weibliche Form von Tito, der italienischen Form von Titus: geht zurück auf einen alten römischen Vornamen wahrscheinlich nordoskisch-umbrischer Herkunft, dessen Bedeutung ungeklärt ist.

Titia: weibl. Form des römischen Geschlechternamens Titius, einer Ableitung von Titus (▸ Tita), oder Kurzform von ▸ Laetitia.

Tizia: italienische Form von ▸ Titia.

Tiziana: weibl. Form von Tiziano: italienische Form von Titianus, einem von Titus (▸ Tita) abgeleiteten römischen Beinamen.

Toni, (auch:) Tony: Kurzform von ▸ Antonia, auch englisch.

Tonia: Kurzform von ▸ Antonia, auch italienisch.

Tonina: italienische Koseform von ▸ Antonia oder Kurzform von ▸ Antonina.

Tonja: russische Koseform von Antonija (▸ Antonia).

Tonka: tschechische und slowenische Koseform von ▸ Antonia.

Tony: ▸ Toni.

Tora, (auch:) Thora; Tore: Kurzform von nordischen Namen, die mit »Tor-« gebildet sind (z. B. ▸ Torhild).

Torhild, (auch:) Thorild; Toril; Torild: zu altnord. Þórhildr zu altnord. Þórr »Thor«, dem Donnergott, + altnord. hildr »Streit, Kampf«.

Tori: schwedische Kurzform von ▸ Viktoria oder norwegische Nebenform von Torid (▸ Turid).

Toria: Kurzform von ▸ Viktoria, auch niederländisch.

Torid, (auch:) Thorid: ▸ Turid.

Toril: ▸ Torhild.

Torild, (auch:) Thorild: ▸ Torhild.

Torina, (auch:) Thorina: Weiterbildung von ▸ Tora.

Die schönsten Mädchennamen aus der römischen Geschichte

Amelia • Aurelia • Celia • Cornelia • Flavia • Julia • Lavinia • Lelia • Lucilla • Lucretia • Maja • Marcia • Petronella • Rea • Silvia • Terzia • Tizia • Valeria • Xenia

Tosca, (auch:) Toska: aus dem Italienischen, abgeleitet von dem spätrömischen Beinamen Tuscus, Tusca »aus Tuszien oder aus der Toskana; Etrusker[in]«.

Tracy, (auch:) Tracey ['treɪsɪ]: wird aufgefasst als englische Koseform von ▸ Theresa.

Traude: Kurzform von Namen, die mit »-traud[e]« gebildet sind (z. B. Gertraud und ▸ Waltraud).

Trixi: Koseform von ▸ Beatrix.

Trude: Kurzform von Namen, die mit »-trud«, »-trude« oder »Trud-« gebildet sind, besonders von ▸ Gertrud.

Trudi: Koseform von ▸ Trude.

Trudy: englische Koseform von Gertrude (▸ Gertrud), auch Schreibvariante von ▸ Trudi.

Turid, (auch:) Thurid; Thorid; Torid: zu altnord. Þuríðr, Nebenform von Þorríðr zu altnord. Þórr »Thor«, dem Donnergott, + altnord. friðr »schön«.

Tyra: ▸ Thyra.

U

Uda, (auch:) Ude: ▸ Oda.

Ula: Nebenform von ▸ Ulla.

Uletta: Erweiterung von Ula (▸ Ulla).

Uli, (auch:) Ulli: Koseform von Namen, die mit »Ul-« gebildet sind, besonders von ▸ Ulrike.

Uljana: russische Form von Julian: lateinischer Ursprung, geht zurück auf Julianus, einen von Julius (▸ Julia) abgeleiteten Beinamen.

Ulla, (auch:) Ula: Kurzform von ▸ Ursula oder ▸ Ulrike, auch schwedisch.

Ulli: ▸ Uli.

Ulrike, (auch:) Ulrika; Ullrike; Ullrika: weibl. Form von Ulrich, auch Ullrich: alter deutscher Vorname, zu ahd. uodal »Erbgut, Heimat« + ahd. rīhhi »Herrschaft, Herrscher, Macht; reich, mächtig, hoch«.

Una: zu lat. ūna »eine, einzige«, geht im Englischen möglicherweise auch auf einen Vornamen irischen Ursprungs (Úna) zurück, Etymologie umstritten, wurde früher zu gäl. uan »Lamm« gestellt; bei Entlehnung aus Skandinavien kommt auch eine Ableitung von altnord. una »gedeihen, zufrieden sein« infrage.

Undine, (auch:) Undina: eigentlich die Bezeichnung der Wassernixe. Neulat. undīna »Nixe« ist eine Weiterbildung zu lat. unda »die Welle«, die zuerst bei Paracelsus in seinem Buch über die Nymphen vorkommt.

Ursel: Kurzform von ▸ Ursula.

Ursela: Weiterbildung von ▸ Ursel.

Ursina: weibl. Form von Ursin: lateinischer Ursprung, geht zurück auf den römischen Beinamen Ursinus, eine Ableitung von Ursus (zu lat. ursus »der Bär«).

Ursula: Verkleinerung von lat. ursa »Bärin«, also »kleine Bärin«.

Uschi: Koseform von ▸ Ursula.

Ute, (auch:) Uta; Utta: alter deutscher Vorname, hochdeutsche Form von ▸ Oda. Aus dem Nibelungenlied ist Frau Ute (mhd. Uote) als Mutter Kriemhilds und der Wormser Könige bekannt. In anderen dt. Heldensagen erscheinen ebenfalls Fürstinnen dieses Namens, z. B. die Frau Meister Hildebrands im jüngeren Hildebrandslied.

Utta: ▸ Ute.

V

Valencia [vəˈlɛnsɪə]: englische Variante von ▸ Valentia.

Valentia: weibl. Form des römischen Beinamens Valentius, zu lat. valēns »kräftig, stark, gesund, mächtig«.

Valentina, (auch:) Valentine: weibl. Form von Valentin: geht zurück auf Valentinus, eine Ableitung des römischen Beinamens Valens, zu lat. valēns »kräftig, stark, gesund, mächtig«.

Valera: weibliche Form von Valer: zu Valerius (▸ Valerie).

Valerie, (auch:) Valeria: weibl. Form von Valerius: geht zurück auf einen altrömischen Geschlechternamen, zu lat. valēre »kräftig, stark sein«.

Valery [ˈvælərɪ]: englische Variante von ▸ Valerie.

Valeska, (auch:) Waleska: geht zurück auf den Familiennamen der polnischen Gräfin Maria Walewska, der Geliebten Napoleons.

Valẹtta: englische Neubildung aus Val (Kurzform von ▸ Valerie) und der italienischen Koseendung »-etta«.

Vanẹssa: wurde geprägt von Jonathan Swift für sein autobiografisches Gedicht »Cadenus und Vanessa« und ist z. T. ein Anagramm des Namens seiner Geliebten Esther Vanhomrigh.

Vạnia: englische oder italienische Form von Wanja, einer russischen Koseform von Iwan (▸ Iwana).

Vạnja: schwedische oder italienische Form von Wanja, einer russischen Koseform von Iwan (▸ Iwana).

Vạrda: zu neuhebr. varda »Rosenstrauch, Rosenstock«.

Vari̲na, (auch:) Vari̲nia: zu dem lateinischen Beinamen Varinus < lat. vārus »krummbeinig, mit O-Beinen versehen«.

Vẹneta, (auch:) Vene̲ta: im Italienischen weibl. Form des männl. Vornamens Vẹneto nach der gleichlautenden Region in Norditalien, im Englischen Variante von ▸ Venetia.

Venetia [vɪˈniːʃə]: aus dem Englischen, möglicherweise ist die Namensform Venetia (latinisierte Form von engl. Venice = dt. Venedig) als Umbildung von ▸ Venus aufgekommen, um den Bezug auf die heidnische Göttin zu verschleiern.

Venice [ˈvɛnɪs]: englische Herkunft, identisch mit dem englischen Namen der Stadt Venedig.

Ve̲nus: nach der römischen Göttin der Schönheit und der Liebe.

Ve̲ra, (seltener:) We̲ra: zu russ. »Glaube, Zuversicht, Religion«. Der Name Vera kann gelegentlich auch als Kurzform von ▸ Verena oder ▸ Veronika auftreten.

Vere̲na, (auch:) Vere̲ne: Herkunft und Bedeutung ungeklärt.

Vérénice [vereˈnis]: ▸ Bérénice.

Veri̲na: italienische Koseform von ▸ Vera, auch englische Variante von ▸ Verena.

Vero̲na: Kurzform von ▸ Veronika; teils auch nach der norditalienischen Stadt.

Vero̲nika, (auch:) Vero̲nica: geht zurück auf den Namen der Veronika von Jerusalem, nach der (mittelalterlichen) Legende eine Jüngerin Jesu, die diesem auf dem Kreuzweg ein Schweißtuch reichte, auf dem sich dann das Bild Christi abzeichnete. Ihr Name ist wahrscheinlich nach der lateinischen Bezeichnung veronica für dieses Schweißtuch gebildet. Dieses Wort, volksetymologisch verstanden als lat. vēra īcon »wahres Abbild«, lehnt sich wiederum an den Namen einer in den spätantiken sog. Pilatusakten im Zusammenhang mit dem Schweißtuch erwähnten Berníkē (▸ Berenike) an.

Véronịque: französische Form von ▸ Veronika.

Vẹruschka: russische Koseform von ▸ Vera.

Ve̲va, (auch:) Ve̲vi: Kurzform von ▸ Genoveva.

Via̲na: Kurzform von ▸ Silviana, ▸ Viviana.

Viạnne: verkürzte Form von ▸ Vivianne.

Vịcki, (auch:) Vịki: Kurzform von ▸ Viktoria.

Vịcky: englische Kurzform von ▸ Viktoria.

Victoire [vikˈtwa:r]: französische Form von ▸ Viktoria.

Victo̲ria: ▸ Viktoria.

Vịki: ▸ Vicki.

Vikto̲ria, (auch): Victo̲ria: zu lat. victōria »Sieg«, auch Name der altrömischen geflügelten Siegesgöttin Victōria.

Vịlma: nordische, italienische, ungarische und englische Form von ▸ Wilma.

Vincenza [vinˈtʃɛntsa]: weibl. Form von Vincenzo, der italienischen Form von Vinzenz: lat. Vincentius, Ableitung von lat. vincēns »siegend«.

Vinzẹntia, (auch:) Vinzẹnta: weibl. Form von Vinzenz, auch Vinzent (▸ Vincenza).

Vio̲la, (auch:) Vi̲ola: zu lat. viola »Veilchen, Levkoje«.

Violet [ˈvaɪəlɪt]: zu engl. violet »Veilchen«.

Violẹta: zu span. violeta »Veilchen«.

Violẹtta: zu italien. violetta »Veilchen« oder Koseform von ▸ Viola.

Die schönsten altmodischen Mädchennamen

Alma • Augusta • Cäcilie • Charlotte • Edith • Eleonore • Elisabeth • Emma • Felizitas • Franziska • Friederike • Henriette • Ilse • Irma • Josefine • Karla • Luise • Magda, Magdalena • Margarete • Marianne • Martha • Mathilde • Rosalia, Rosalie • Theresa, Therese • Ursula

Violette: zu französ. violette »Veilchen«.

Viona: außerhalb des englischsprachigen Raums vorkommende Schreibvariante von ▸ Fiona.

Virginia, (auch:) Virginie, engl. Aussprache [...'dʒi:...]: geht zurück auf den römischen Geschlechternamen Verginius (jüngere Schreibung Virginius), dessen eigentliche Bedeutung ungeklärt ist. Die jüngere Namensform Virginia wird gewöhnlich volksetymologisch mit lat. virgineus, -a, -um »jungfräulich« (zu lat. virgo »Jungfrau«) zusammengebracht und als »die Jungfräuliche« verstanden.

Vita: zu lat. vīta »Leben«, kann auch die weibl. Form sein von Vitus: geht zurück auf den heiligen Märtyrer Vitus, Etymologie seines Namens nicht sicher geklärt, vielleicht zu thrak. bītus »aus Bithynien«.

Vittoria: italienische Form von ▸ Viktoria.

Vivi: Kurzform von ▸ Vivian, ▸ Viviana.

Vivia: Kurzform von ▸ Viviana.

Vivian ['vɪvɪən]: identisch mit dem männl. Vornamen Vivian: aus dem Englischen, geht zurück auf eine altfranzösische Form des römischen Beinamens Vibianus/Vivianus (Ableitung von dem bislang ungeklärten Geschlechternamen Vibius, früher gern zu lat. vīvus »lebendig, lebhaft« gestellt).

Viviana: weibl. Form des römischen Beinamens Vivianus (▸ Vivian), auch italienisch und spanisch.

Viviane: französische Form von ▸ Viviana. Anderer, wahrscheinlich keltischer Herkunft ist Viviane, der Name einer Fee aus der Artussage, der auch als Niniane, Ninienne überliefert ist. Viviane, genannt die »Dame vom See«, wird von Merlin in die Geheimnisse der Zauberkunst eingeweiht und erzieht in ihrem Schloss in der Tiefe eines Zaubersees den jungen Lancelot in allen ritterlichen Tugenden.

Vivianne: Umbildung von ▸ Viviana in Anlehnung an ▸ Anne.

Vivien ['vɪvɪən]: aus dem Englischen, geht zurück auf den Namen der Titelgestalt von Tennysons Gedicht »Vivien and Merlin«, das auf den keltischen Artusepen beruht (▸ Viviane).

Vivienne: weibl. Form von Vivien [vi'vjɛ̃], der französischen Form des römischen Beinamens Vibianus/Vivianus (▸ Vivian).

Vọlkhild: alter deutscher Vorname, zu ahd. folc »Haufe, Kriegsschar, Volk« + ahd. hiltja »Kampf«.
Vre̱ni, (auch:) Vre̱ny: Koseform von ▸ Verena.
Vro̱ni: oberdeutsche Koseform von ▸ Veronika.

W

Wạlburg, (auch:) Walbụrga; Walbụrgis; Waldbụrga; Walpụrga: alter deutscher Vorname, zu ahd. walt- zu waltan »walten, herrschen« + ahd. burg »Burg, Zufluchtstätte, Schutz«.
Walẹska: ▸ Valeska.
Wạlli, (auch:) Wạlly: Kurzform von ▸ Walburg oder auch von ▸ Valerie, ▸ Valentina.
Walpụrga: ▸ Walburg.
Wạltraud, (auch:) Waltraude; Wạltraut; Waltraute; Wạldtraut; Waldtraute; Wạltrud; Waltru̱de: alter deutscher Vorname, zu ahd. walt- zu waltan »walten, herrschen« + german. *þrūþi »Kraft, Stärke«, in althochdeutscher Zeit umgedeutet zu trūt »vertraut, lieb«.
Wạnda: aus dem Polnischen, Bedeutung ungeklärt.
Wạnja: russische Koseform von ▸ Iwana.
We̱ga: Kurzform von Zusammensetzungen mit »Wig-« oder »-wig« (ahd. wīg »Kampf, Krieg«), weibl. Bildung zu Wege < Wedige (erster Bestandteil aus ahd. witu »Holz«, der zweite Teil gehört zu got. gauja »Gaubewohner«: »Waldgaubewohner«) oder auch nach dem gleichlautenden Stern.
Wẹncke: Schreibvariante von ▸ Wenke.
Wẹnke: niederdeutsche Koseform von Namen, die mit »Win-« oder »-win« (ahd. wini »Freund«) gebildet sind.
We̱ra: ▸ Vera.
Wi̱beke, (auch:) Wi̱bke: ▸ Wiebke.

Die schönsten ausgefallenen Mädchennamen

Aina • Altea • Aris • Bele • Brinja • Felisa • Ilayda • Jara • Kamea • Leonella • Makena • Maris • Nuala • Olesja • Rima • Uletta

Wiebe: verselbstständigte niederdeutsch-friesische Kurzform von Zusammensetzungen mit »Wig-« (ahd. wīg »Kampf, Krieg«) und einem mit »-b« anlautenden zweiten Namenbestandteil (z. B. Wiburg).

Wiebke, (auch:) Wibke; Wibeke: Koseform von ▸Wiebe, wird oft als »junge Frau, Fräulein« aufgefasst.

Wieta, (auch:) Wiete; Witta: friesische Kurzform unsicherer Herkunft, vielleicht von Namen, die mit dem Namenbestandteil altsächs. widu, ahd. witu »Holz, Wald« gebildet wurden, wird volksetymologisch an niederdt. witt »weiß« angelehnt.

Wilhelma: weibl. Form von Wilhelm: zu ahd. willio »Wille« + ahd. helm »Helm«.

Wilhelmine, (auch:) Wilhelmina: weibl. Form von Wilhelm (▸Wilhelma) mit der Endung »-ine/-ina«.

Wilma: weibl. Form von Wilm, einer durch Zusammenziehung entstandenen Kurzform von Wilhelm (▸Wilhelma), oder Kurzform von ▸Wilhelma.

Winifred, (auch:) Winnifred: englische Form des walisischen Namens Gwenfrewi (walis. gwen »weiß, gesegnet, heilig« + walis. frewi »Versöhnung«), die in Anlehnung an die altenglischen Namenbestandteile wynn »Freude« und frið »Friede« entstanden ist.

Winni, (auch:) Winny: Koseform von Zusammensetzungen mit »Win-« oder Eindeutschung von ▸Winnie.

Winnie: aus dem Englischen, Kurzform von ▸Winifred.

Winnifred: ▸Winifred.

Winny: ▸Winni.

Winona, engl. Aussprache: [waɪˈnoʊnə]: indianische Herkunft, bedeutet bei den Sioux »erstgeborene Tochter«.

Witta: ▸Wieta.

X

Xandra: Kurzform von ▸Alexandra.

Xanja, (auch:) Xania: russische Variante von ▸Xenja.

Xena: griechischer Ursprung, eigtl. Kurzform von Namen wie Polyxena (griech. Polyxénē zu polýs »viel« und xénos »Gast«), wurde vermutlich aber eher als eine Variante von ▸Xenia gebildet.

Xe̲nia: geht zurück auf einen römischen Personennamen griechischen Ursprungs (Xenius, Xenia zu griech. xénios »gastlich, gastfreundlich«).

Xẹnja, (auch:) Xẹnija: russische Form von ▸ Xenia oder Kurzform von Polyxenia (griech. polý xénios »sehr gastfreundlich«).

Y

Ya̲el: ▸ Jael.

Yami̲na, (auch:) Jami̲na: zu arab. yamīn »rechter Hand, glücklich«.

Yạnna: weibl. Form von Yann, französische Aussprache: [jã], einer bretonischen Form von Johannes (▸ Jovana); auch modische Schreibvariante von ▸ Janna.

Yạnnicka: weibl. Bildung zu Yannick, der französischen Schreibweise von breton. Yannig, einer Koseform von Yann (▸ Yanna); auch modische Schreibvariante von ▸ Jannika.

Yạnnika: ▸ Jannika.

Ya̲ra: aus Spanien oder Lateinamerika, stammt aus der südamerikanischen Indianersprache Tupí und bedeutet »Frau, Herrin«.

Ya̲semin: türkische Form von ▸ Jasmin.

Yasmi̲n, (auch:) Yasmi̲na; Yasmi̲ne: ▸ Jasmin.

Yelẹna: englische Schreibweise von ▸ Jelena.

Ylẹna: ▸ Ilena

Ỵlva: schwedische Herkunft, alte weibl. Form von ulv »Wolf«.

Yo̲ko: zu japan. yo »Großzügigkeit, Toleranz«, »Heiterkeit, Freude«, auch »Hibiskusblüte« + japan. ko »Kind«.

Yolạnda, (auch:) Yolạnde: ▸ Jolanda.

Yoshiko [ˈjoʃko]: zu japan. yoshi »schön, gut, anmutig, glücklich«, »Freude«, auch »Gerechtigkeit« + japan. ko »Kind«.

Yvẹtta: latinisierte Form von ▸ Yvette.

Yvẹtte: weibl. Form von Yves, einer französischen Form von Ivo (▸ Yvonne).

Yvọnne: aus dem Französischen, weibl. Form von Yvon, einer französischen Form von Ivo: alter deutscher Vorname, zu ahd. īwa »Eibe; Bogen aus Eibenholz«.

Z

Zahra ['zahra]: zu arab. zahra »Blume, Blüte«.

Zaida [za'i:da]: weibl. Form von Zaid [za'i:d]: wohl zu arab. zāda »größer werden, wachsen, zunehmen«.

Zara ['zɛərə]: englische Form von ▸ Zahra, auch als Variante von ▸ Sara aufgefasst.

Zäzilie, (auch:) Zäzilia: ▸ Cäcilie.

¹Zilla, (auch:) Cilla: Kurzform von Zäzilia, (▸ Cäcilie).

²Zilla, (auch:) Zillah: aus der Bibel, zu hebr. sillāh zu hebr. sēl »Schatten« im Sinne von »Erfrischung« oder zu hebr. sll »schrillen« im Sinne von »Kriegsgeschrei« oder »Zymbel«. So heißt im Alten Testament eine der beiden Frauen Lamechs.

Zilli: ▸ Cilli.

Zita: geht wahrscheinlich zurück auf das altitalienische (toskanische) Wort zita »Mädchen«, kann auch als Kurzform von ▸ Felizitas auftreten.

Zoé [zo'e]: französische Form von ▸ Zoë.

Zoë, (auch:) Zoe: zu griech. zoḗ »Leben«, auch englisch.

Zohra ['zohra]: zu arab. zuhra »Helligkeit; Schönheit«, auch Name des Planeten Venus zu arab. zahara »leuchten, blühen«.